뉴턴이 들려주는
미분 1 이야기

김승태 지음

NEW
수학자가 들려주는
수학 이야기
67

뉴턴이 들려주는
미분 1 이야기

㈜자음과모음

추천사

수학자라는 거인의 어깨 위에서
보다 멀리, 보다 넓게 바라보는
수학의 세계!

   수학 교과서는 대개 '결과'로서의 수학을 연역적으로 제시하는 경향이 강하기 때문에 학생들은 수학이 끊임없이 진화해 왔다고 생각하기 어렵습니다. 그렇지만 수학의 역사는 하나의 문제가 등장하고 그에 대해 많은 수학자가 고심하고 이를 해결하는 가운데 새로운 아이디어가 출현해 온 역동적인 과정입니다.

   〈NEW 수학자가 들려주는 수학 이야기〉는 수학 주제들의 발생 과정을 수학자들의 목소리를 통해 친근하게 이야기 형식으로 들려주기 때문에 학생들이 수학을 '과거 완료형'이 아닌 '현재 진행형'으로 인식하는 데 도움이 될 것입니다.

   학생들이 수학을 어려워하는 요인 중의 하나는 '추상성'이 강한 수학적 사고의 특성과 '구체성'을 선호하는 학생의 사고 사이에 존재하는 간극이며, 이런 간극을 줄이기 위해서 수학의 추상성을 희석시키고 수학 개념과 원리의 설명에 구체성을 부여하는 것이 필요합니다.

   〈NEW 수학자가 들려주는 수학 이야기〉는 수학 교과서의 내용을 생동감 있게 재구성함으로써 추상적인 수학을 구체성을 갖는 수학으로 변모시키고 있습니다. 또한 중간중간에 곁들여진 수학자들의 에피소드는 자칫 무료해지기 쉬운 수학 공부에 윤활유 역할을 해 줄 것입니다.

〈NEW 수학자가 들려주는 수학 이야기〉의 구성을 보면 우선 수학자의 업적을 개략적으로 소개하고, 6~9개의 강의를 통해 수학 내적 세계와 외적 세계, 교실 안과 밖을 넘나들며 수학 개념과 원리를 소개한 후 마지막으로 강의에서 다룬 내용을 정리합니다.

이런 책의 흐름을 따라 읽다 보면 각각의 도서가 다루고 있는 주제에 대한 전체적이고 통합적인 이해가 가능하도록 구성되어 있습니다. 〈NEW 수학자가 들려주는 수학 이야기〉는 학교 수학 교과 과정과 긴밀하게 맞물려 있으며, 전체 시리즈를 통해 학교 수학의 많은 내용들을 다룹니다. 따라서 〈NEW 수학자가 들려주는 수학 이야기〉를 학교 수학 공부와 병행하면서 읽는다면 교과서 내용의 소화 흡수를 도울 수 있는 효소 역할을 할 것입니다.

뉴턴이 'On the shoulders of giants'라는 표현을 썼던 것처럼, 수학자라는 거인의 어깨 위에서는 보다 멀리, 넓게 바라볼 수 있습니다. 학생들이 〈NEW 수학자가 들려주는 수학 이야기〉를 읽으면서 각 수학자의 어깨 위에서 보다 수월하게 수학의 세계를 내다보는 기회를 갖기를 바랍니다.

홍익대학교 수학교육과 교수 |《수학 콘서트》저자 박경미

책머리에

세상의 진리를 수학으로 꿰뚫어 보는 맛
그 맛을 경험시켜 주는 '미분 1' 이야기

저는 〈NEW 수학자가 들려주는 수학 이야기〉 시리즈를 집필하면서 언제나 학생들의 시각으로 수학을 접하려고 노력하였습니다. 어떻게 하면 학생들이 수학을 좀 더 쉽게 이해할까 하고 고민하면서……. 하지만 수학이라는 과목의 특성이 그렇게 만만하지 않습니다.

가르치는 현장에서 저는 늘 학생들에게 말하곤 합니다. 수학과 함께 호흡하고 수학을 휴대 전화 다루듯이 익숙해지라고……. 휴대 전화는 우리에게 길들지 않습니다. 바로 무생물이기 때문이죠. 그래서 우리 스스로 휴대 전화를 자신에 맞게 익숙하게 다루어 나갑니다. 이처럼 수학 역시 우리에게 아무런 정을 주지 않습니다. 즉, 우리가 수학을 다루어 나가야 한다는 말입니다. 바꾸어 말해 수학에 좀 더 애정을 가지고 다루어 나가다 보면 수학이 보이기 시작할 것이고, 어차피 해야 할 수학 공부라면 자신이 좀 더 재미나게 만들어 가야 한다는 의미이기도 합니다.

수학 문제를 다루다 보면 때로는 함정에 빠집니다. 이럴 때일수록 수학이 정말 싫다고 외면부터 하지 말고, 수학이라는 녀석을 노려보며 다시 도전하는 정신을 가져야 합니다. 똑같은 상황을 두고 어떻게 생각하느냐가 수학 공부의 성

패를 좌우하게 됩니다. 수학은 결코 우리를 향해 웃으며 다가오지 않습니다. 다만, 감정과 열정을 지닌 우리가 수학에 다가가고 수학을 다룰 뿐입니다. 여러분이 수학과 친해지는 데 밑거름이 되도록 저는 《뉴턴이 들려주는 미분 1 이야기》를 쓰기 시작했습니다.

김승태

차례

추천사   4
책머리에   6
100% 활용하기   10
뉴턴의 개념 체크   20

1교시
미분이란?   29

2교시
생활 속에 숨어 있는 미분 찾기   49

3교시
미분으로 무엇을 하나?   63

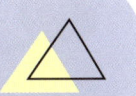

4교시
평균변화율   81

5교시
미분계수   105

6교시
미분가능과 연속   129

1 이 책은 달라요

《뉴턴이 들려주는 미분 1 이야기》는 미분의 공동 창시자 뉴턴이 학생들에게 재미난 이야기 형식으로 미분에 대한 이야기를 들려주는 책입니다. 뉴턴은 영국의 수학자이자 과학자입니다. 그는 운동체의 속도를 구하는 과정에서 미분법을 발견하였습니다. 고등학교 수학에서 가장 중요한 미분법에 대하여 이 책은 재미난 일화를 곁들여 들려줍니다.

미분은 어떤 의미에서는 지금까지 배운 수학의 모든 지식이 총망라되는 단원이라고 볼 수 있습니다. 이 책에서는 그런 중요한 미분을 학생들의 시각에 맞추어 일반인과 미분을 모르는 사람도 읽을 수 있도록 풀이하였습니다.

이 책은 미분에 대한 기초 공식도 다루고 있지만 일상생활에서 미분이 어떻게 활용되고 있는지 다루고 있습니다. 그리고 미분이 탄생한 기본 배경을 역사와 식을 통해서 알려 줄 것입니다. 이 책은 학생들로 하여금 학교에서 배우는 미분에 대한 폭넓은 관심을 불러일으키게 할 것입니다.

2 이런 점이 좋아요

① 고등학교 2, 3학년이 되어야 다루는 미분에 대한 이야기를 미분의 창시자인 뉴턴이 마치 가정 교사가 된 것처럼 아주 쉬운 대화체를 이용하여 들려줍니다.

② 미분이 어디에 쓰이는지 공부하면서 학생들이 어렵게만 생각하는 미분을 왜 배워야 하는지 깨달을 수 있을 것입니다.

③ 미분은 기초 과학에서 매우 중요한 위치를 차지합니다. 이 책은 대학생이 읽기에도 참 재미나게 구성되어 있습니다. 더불어 일선에서 학생들을 지도하는 선생님들이 활용할 수 있도록 많은 이야깃거리를 담았습니다.

3 교과 연계표

학년	단원(영역)	관련된 수업 주제 (관련된 교과 내용 또는 소단원명)
고 2~3(미적분1)	함수의 극한과 연속	함수의 극한, 함수의 연속
	미분	미분계수

4 수업 소개

1교시 미분이란?

변화율에 대하여 알아보고, 평균변화율과 순간변화율의 의미와 차이점을 살펴봅니다.

- 선행 학습

  - 극한값 : 함수 $f(x)$에서 x가 일정한 값 a에 한없이 가까워지면 $f(x)$도 일정한 값 b에 가까워질 때에 b를 이르는 말.
  - 함수 : 수학에서 한 변수독립변수와 다른 변수종속변수 사이의 관계를 명시하는 표현이나 규칙.
  - 대응 : 두 집합이 있을 때에 어떤 주어진 관계에 의하여 두 집합의 원소끼리 짝을 이루는 일.
  - 기울기 : x의 변화량에 대한 y의 변화량.

- 학습 방법
  - 변화율rate of change $\equiv \dfrac{\Delta y}{\Delta x}$
  - $\lim\limits_{\Delta x \to 0} \dfrac{\Delta y}{\Delta x} \equiv \dfrac{dy}{dx}$
  - 미분계수는 한 점에서의 느낌입니다. $x=a$에서 a라는 점의 느낌이라고 할 수 있습니다. 반면 도함수는 $x=a$에서 x의 느낌이라고 보면 될 것입니다.

2교시 생활 속에 숨어 있는 미분 찾기

과속 단속 무인 카메라와 전기, 자동차 등 일상생활 곳곳에 감춰진 미분을 발견해 봅니다.

- 선행 학습
  - 속도 : 한 점이 어떤 방향으로 얼마나 빠르게 움직이는지를 나타내는 양.
  - 주식 : 금융에서 대부분 주권으로 분할되어 있고, 양도 가능한 증서로 표현되는 유한 회사의 응모된 자본.
  - 방정식 : 어떤 문자가 특정한 값을 취할 때만 성립하는 등식.

- 학습 방법
  - 미분의 아이디어는 고속 열차의 구조에 쓰이고 있습니다. 텔레비전이나 스테레오, CD 플레이어와 같은 음향 기기에는 콘덴서나 코일이 곳곳에 사용되고 있습니다. 이것 또한 미분과 적분이 작용하는 것

들입니다.

- 자동차의 차체를 설계하기 위해서는 매끄러운 곡선이나 곡면의 도안이 필요합니다. 여기에 사용되는 것이 스플라인 곡선의 기술입니다. 이것은 몇 개의 점을 입력하면 컴퓨터가 미분을 사용하여 매끄러운 곡선으로 이어 주는 것입니다.
- 태풍이 불고 비가 오는 등의 기상 변화와 지진이 일어나고 해류가 흐르는 것을 분석하고 예측하기 위해서는 고도의 미분방정식을 푸는 것이 필요합니다.

3교시 미분으로 무엇을 하나?

미분과 속도, 가속도, 운동 법칙에 대하여 알아봅니다.

- **선행 학습**
- 미분방정식 : 과학, 공학 및 기타 연구 분야에 자주 쓰입니다. 미분방정식의 해는 일반적으로 하나이지만, 그 이상의 변수에 대해 하나의 변수가 어떤 함수에 의해 표현된다는 것을 나타내는 대수방정식이며, 보통 원래의 미분방정식에는 없는 상수항을 가지고 있습니다.
- 함수 : 수학에서 가장 많이 사용되는 함수라는 말은 두 집단 사이의 어떤 대응을 말합니다.
- **학습 방법**
- 속도란 위치가 변화하는 빠르기 변화율를 말합니다.

$$(속도) = \frac{(위치의\ 변화량)}{(시간)}$$

- 역학의 이론을 일반화하여 사람들에게 알리기 위해서는 운동 법칙을 연립미분방정식운동 방정식으로 나타내는 아이디어가 필요합니다.
- '미분방정식'이라는 언어를 사용하여 18세기 전반에 미분의 업적을 이루어 낸 이들은 미분법의 또 다른 창시자 라이프니츠의 흐름을 연구하던 물리학자들이었습니다.
- 뉴턴의 냉각 법칙은 물이 식는 속도는 물의 온도와 기온의 차에 비례한다는 것입니다.
- 미분방정식을 이용하면 냉각 곡선이 지나는 각 점에서의 접선의 기울기를 미리 알 수 있습니다. 냉각 속도가 그때의 온도에 따라 어떻게 바뀌는지, 바꾸어 말하면 온도 x의 변화율 $\frac{dx}{dt}$가 x의 어떤 함수인지 미분방정식을 통하여 알아낼 수 있습니다.

4교시 평균변화율

평균변화율에 대하여 알아보고, 평균변화율과 함수의 관계를 살펴봅니다. 또한, 앞에서 배운 과속 카메라에 숨겨진 미분의 활용에 대해 알아봅니다.

- 선행 학습
- 자유낙하 : 행성은 태양의 중력장에서 자유낙하 상태에 있습니다. 뉴턴의 법칙은 자유낙하 하는 물체가 중력과 관성력의 합이 0이 되는

궤도를 따른다는 것을 보여 줍니다. 이것은 지구를 선회하는 우주선 안의 우주 비행사가 왜 무중력 상태를 경험하는가를 설명해 줍니다. 즉, 지구의 중력은 관성력우주선의 운동 때문에 원심력이 됨과 반대 방향이며 크기가 같습니다.

- 지수 : 어떤 수의 거듭제곱을 나타내기 위해 그 수의 오른쪽 위에 작게 쓴 수. 예를 들어, 2^3에서 3이 지수이고 2는 밑입니다.
- 일차함수 : 함수를 나타내는 식이 일차식인 함수. $y=2x+5$ 따위가 있습니다.
- 계수 : 문자 앞에 붙어 있는 수나 부호 따위.

• 학습 방법

- 함수 $y=f(x)$에서 x가 x_1에서 x_2까지 변할 때, 함숫값은 $y_1=f(x_1)$에서 $y_2=f(x_2)$까지 변합니다. 이때, x의 변화량과 y의 변화량을 식으로 나타내면 다음과 같습니다.

$$\frac{\Delta y}{\Delta x} = \frac{f(x_2)-f(x_1)}{x_2-x_1}$$

이것을 x가 x_1에서 x_2까지 변할 때, 함수 $f(x)$의 평균변화율이라고 합니다.

- 일차함수 $y=ax+b$에서 x의 증가량에 대한 y의 증가량의 비율은 항상 a로 일정합니다. 이 비율을 일차함수 $y=ax+b$의 그래프의 기울기라고 합니다.

$$(기울기) = \frac{(y의\ 증가량)}{(x의\ 증가량)} = a$$

- 함수 $y=f(x)$에서 x의 값이 a에서 b까지 변할 때 수평 거리, 차례차례 평균변화율이 변하는 모습을 봅니다.

$$\frac{\Delta y}{\Delta x} = \frac{f(b)-f(a)}{b-a} = \frac{f(a+\Delta x)-f(a)}{\Delta x}$$

이것을 구간 $[a, b]$에서의 평균변화율이라고 합니다.
- 평균변화율은 직선의 기울기와 밀접한 관계가 있습니다. 함수 $y=mx+n$에서 x 앞의 계수 m이 바로 기울기입니다.

5교시 미분계수

미분계수와 평균변화율의 극한을 알아봅니다. 또한, 함수 속에서 움직이는 한 점의 기울기를 알아봅니다.

- **선행 학습**
- 극한 : 함숫값이 정의되지 않는 점에서 그 점 부근의 함숫값과 모순되지 않는 값을 얻기 위해서 주로 사용합니다.
- 무한대 : 수학에서 무한대는 어떤 실수나 자연수보다도 더 큰 상태를 뜻합니다.
- **학습 방법**
- 평균변화율의 직선이 점점 줄어들면서 거의 점으로 되는 극한 상태의 모습을 순간변화율이라고 보면 됩니다. 순간변화율이 바로 미분계수입니다.
- 함수 $f(x)$의 $x=a$에서의 미분계수 $f'(a)$는 다음과 같습니다.

$$f'(a) = \lim_{\Delta x \to 0} \frac{f(a+\Delta x) - f(a)}{\Delta x}$$

$f'(a)$에프 프라임 에이는 다르게 표현하기도 합니다.

$$y'_{x=a}, \left[\frac{dy}{dx}\right]_{x=a}$$

$$\begin{aligned} f'(a) &= \lim_{\Delta x \to 0} \frac{f(a+\Delta x) - f(a)}{\Delta x} \\ &= \lim_{h \to 0} \frac{f(a+h) - f(a)}{h} \\ &= \lim_{x \to a} \frac{f(x) - f(a)}{x - a} \end{aligned}$$

6교시 미분가능과 연속

함수의 연속에 대해 알아봅니다. 또 함숫값과 극한값, 좌극한과 우극한을 공부합니다.

- 선행 학습

- 벤 다이어그램 : 부분집합, 합집합, 교집합 따위의 집합 사이의 연산을 쉽게 설명하기 위하여 나타낸 도식. 영국의 논리학자 벤John Venn이 고안하였습니다.

- 순서쌍 : 두 원소 a, b로부터 순서를 생각하여 만든 쌍을 순서쌍이라 하고 흔히 (a, b)로 적습니다. $(a, b) = (c, d)$이면 $a=c, b=d$라는 성질을 가집니다.

- 절댓값 : 실수에서 양 또는 음의 부호를 떼어 버린 수입니다. a의 절댓값은 $|a|$로 나타냅니다.

• 학습 방법

- $x=a$에서의 미분계수는 $f'(a)=\lim\limits_{\Delta x \to 0}\dfrac{f(a+\Delta x)-f(a)}{\Delta x}$

- 함수 $f(x)$에 대하여

  ① $x=a$에서 정의되어 있고

  ② $\lim\limits_{x \to a}f(x)$가 존재하며

  ③ $\lim\limits_{x \to a}f(x)=f(a)$

  일 때, 이 함수는 $x=a$에서 연속이라고 합니다.

뉴턴을 소개합니다

Sir Isaac Newton(1642~1727)

사과가 떨어지는 것을 보고 만유인력의 법칙을 발견했다는 일화, 한 번쯤은 들어 보았겠지요?

내 업적은 이것뿐만이 아니랍니다.

나는 수학의 꽃이라 불리는 미적분학의 선구자이기도 합니다. 하지만 이런 업적의 바탕에는 선배 학자들의 노고를 빼놓을 수 없겠지요.

여러분, 나는 뉴턴입니다

요즘 한국에서 미분의 인기가 급상승한다고 들었습니다. 그 전까지 미분은 어렵다는 이유로 많은 학생에게 미움을 사기도 했습니다. 하지만 그런 소문은 일부 학생이여러분의 선배일 수도 있습니다. 미분을 음해하기 위해 만든 말입니다. 물론 수학을 포기한 고등학생들에게는 미분을 공부하는 것이 힘들 수 있습니다. 그러나 약간의 너그러운 마음과 기초 지식을 가지고 미분을 대한다면 미분으로 얼어 버린 마음도 녹을 것입니다.

나는 여러분의 닫힌 마음을 열기 위해 이 자리에 섰습니다. 내가 서 있는 것이 보입니까? 사실은 서 있다가 다리가 아파서 방금 앉았습니다. 내 이름을 밝히겠습니다. 잠시 나에게 조명을 비추어 주세요. 조명 기사! 어디를 비추는 것입니까? 내 얼굴을 비추어 주세요. 그렇지요. 나의 완고한 턱선을 감추기 위해 조명을 밝게 해 주세요. 나는 학생들에게 부드러운 사람으로 보이고 싶은 아이…… 아이작 뉴턴입니다.

내가 지금 사과를 한 입 물고 있는 것은 여러분에게 독 사과를 먹는 백설 공주로 보이기 위해서가 아닙니다. 나는 만유인력으로 데뷔를 하였습니다. 그래서 사과 하면 뉴턴, 뉴턴 하면 만유인력을 떠올리는 사람이 많지요.

나를 두고 사람들은 미적분학, 광학, 중력 연구의 선구자라고 합니다. 그런 말을 바로 앞에서 들으면 무척 부끄러워집니다. 가끔 그렇게 말하는 사람들이 있어요. 그럴 때면 나는 그의 본심을 믿지 않게 되지요. 여러분은 그런 짓은 삼가 주세요.

사람들이 내 연구를 칭찬할 때마다 나는 '내가 만약 다른 사람들보다 더 멀리 보았다면 그건 내가 거인의 어깨 위에 서 있었기 때문'이라고 이야기합니다. 이것은 내 연구는 선배 수학자와 과학자가 이룩한 업적을 토대로 이루어졌다는 뜻입니다. 겸손을 떠나 누구라도 혼자서 학문을 이룰 수 없다는 나의 신념이기도 합니다. 그래서 교육이 중요한 것입니다.

내가 만든 유율법_{초기 미분 개념}은 이전의 선배 수학자들의 연구를 하나로 통합하고 미적분학의 일반적인 이론을 확립하는 데 중심적인 역할을 했습니다. 오, 나의 유율법이여!

나는 1642년 12월 25일에 태어났습니다. 그런 이유로 크리스마스 선물을 받지 못했습니다. 하루 차이로 말입니다. 오, 지금도 안타깝습니다.

나는 철학도 상당히 좋아했습니다. '철학적인 질문들'이라고 이름 붙인 공책에 내가 읽은 책과 내 생각을 마구 써 두었습니다. 지금 읽어 보아도 신선한 생각입니다. 여러분도 메모하고 기록해 두는 습관을 갖도록 하세요.

내가 살던 시대에 페스트라는 전염병이 돌았습니다. 페스트는 쥐가 옮기는 무서운 병입니다. 흑사병이라고도 합니다. 알베르 카뮈의 《페스트》라는 소설을 읽어 보세요. 나도 읽어 보았는데 재미있습니다. 페스트의 발병으로 내가 다니던 대학은 18개월 동안 문을 닫았습니다. 구내식당에 있는 식사는 싸고 맛있었는데 말입니다.

내가 대학에 돌아온 것은 1667년입니다. 지금이 2025년이니까 내가 정말 옛날 사람이라고 생각되나요? 하지만 여러분과 나는 세대 차이가 별로 나지 않습니다. 나를 형이나 오빠라고 불러 주세요.

이런 나의 농담 실력은 교수가 되어서도 여전했습니다. 나의 강의는 시작된 지 15분이 지나면 강의실이 텅텅 빌 정도로 저조한 출석률을 자랑했습니다. 그렇지만 여러분을 상대로 하는 미분 수업은 재미있게 할 것을 약속합니다. 나는 한국 텔레비전의 개그 프로를 열심히 보면서 여러분과 세대 차이를 줄이려고 많이 노력했답니다.

나를 도와 수업을 진행할 친구를 소개하겠습니다. 미분 설명을 도와줄 개그우먼 박쥐선입니다.

"내가 도와준다는데 불만 있어? 내 잇몸의 면적을 미분시켜 주랴?"

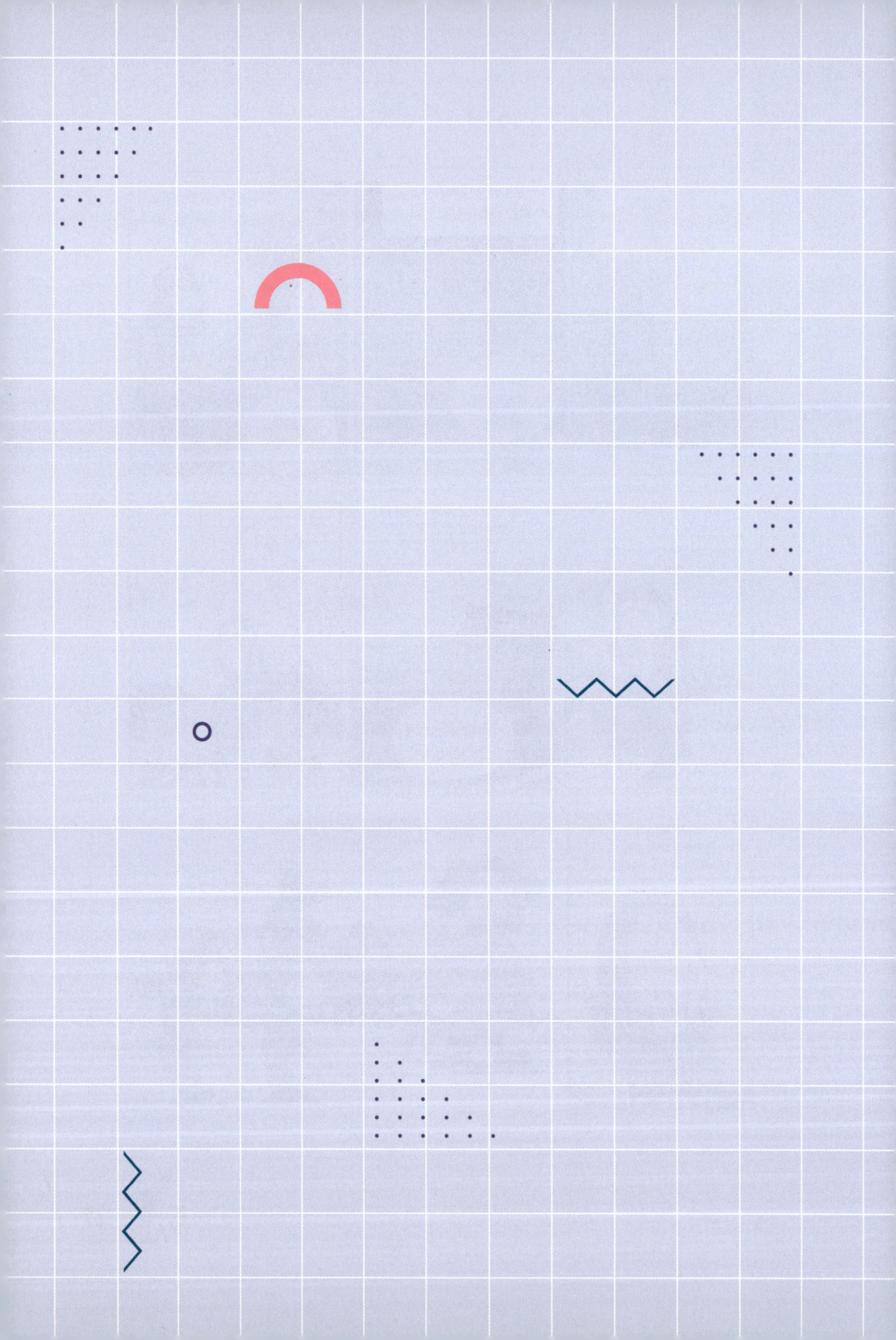

1교시

미분이란?

미분의 기본 속성인 변화율의 의미를 알아봅니다.

수업 목표

1. 변화율에 대하여 알아봅니다.
2. 평균변화율과 순간변화율의 의미를 알아봅니다.

미리 알면 좋아요

1. **극한값** 함수 $f(x)$에서 x가 일정한 값 a에 한없이 가까워지면 $f(x)$도 일정한 값 b에 가까워질 때 b를 이르는 말.

2. **함수** 수학에서 한 변수독립변수와 다른 변수종속변수 사이의 관계를 명시하는 표현이나 규칙.

3. **대응** 두 집합이 있을 때에 어떤 주어진 관계에 의하여 두 집합의 원소끼리 짝을 이루는 일.

4. **기울기** x의 변화량에 대한 y의 변화량.

뉴턴의 첫 번째 수업

파스칼은 이런 말을 남겼습니다.

"자연의 본질은 운동이다. 절대적 정지는 곧 죽음이다."

이때 박쥐선이 나타나서 자신도 한마디 합니다.

"나도 그런 말은 해. 밥을 남기면 곧 죽음이야."

수업을 도와주는 건지 방해하는 건지 모르겠군요.

우리가 배우게 될 미분의 뜻을 '잘게 나눈다'라고 풀이하는 친구도 제법 있습니다. 쥐선이는 지금 무를 잘게 채 썰고 있네요.

"난 지금 무를 미분하고 있어. 그리고 내 손동작은 미분을 위한 운동이야. 살이 쪽 빠지는 다이어트 효과도 충분해."

미분이 단지 이런 의미만 가진다면 처음에 파스칼의 말을 인용하지도 않았을 것입니다. 미분의 정확한 속성은 '변화율'이라고 볼 수 있습니다. 변화율을 나타내는 특성으로 인해 미분은 수학의 꽃으로 승화될 수 있었던 것입니다.

수학자들은 실제로 미분을 수학의 꽃이라고 합니다. 물론 학생들이나 쥐선이가 미분의 냄새를 맡는다면 "미분의 냄새는 지독해!"라고 하겠지만 말입니다. 미분은 학생들에게 어려운 부분이 될 수도 있거든요.

미분을 강력하게 만드는 중요한 특징 중 하나가 앞서 이야기한 변화율입니다. 원시인들은 승용차를 준다고 해서 그것을 빨리 움직이게 하지 못합니다. 미분 역시 그 기능을 제대로 모르는 사람은 미분의 강력함을 느끼기 힘들 것입니다. 차의 작동법을 모르는 원시인이 운전할 수 없듯이 수학의 기초 지식 없이 미분을 이해하기란 쉬운 일이 아니거든요. 하지만 작동법만 안다면 미분을 쉽게 다룰 수도 있습니다. 내가 미분을 소개한 것에 대해 쥐선이는 구미가 살살 당기는지 나에게 바짝 다가옵니다.

다시 한번 강조해서 말하지만 미분의 본질은 변화율입니다. 우주적 시각에서 보면 변하지 않는 것은 없습니다. 변하는 것은 미분으로 표현 가능합니다.

그럼 우선 극한값으로서의 미분을 생각해 보겠습니다. 앞에서 살짝 말했듯이 미분의 특성에 잘게 나누는 성격이 있습니다.

극한으로 몰고 가는 방법 중 하나는 아주 잘게 써는 것입니다. 이것이 미분과 어떠한 관계가 있다는 사실을 기억해 두세요. 쥐선이가 옆에서 무채를 썰면서 아주 잘게 써는 것이 미분이라고 외칩니다. 맞습니다. 무채를 썰듯이 잘게 써는 것이 미분입니다. 무채를 마치 머리카락처럼 가늘게 만드는 것을 극한이라고 보면 됩니다. 그러나 현실적으로 눈에 보이지 않을 정도로 무를 잘게 썬다는 것은 가능하지 않습니다. 그래서 극한의 개념은 무한의 개념과 섞어 비벼 먹어야 합니다. 무채를 초고추장에 비벼 먹으면 맛있듯이 미분은 극한에 비벼 먹어야 제맛입니다.

썰기의 달인이 바로 극한의 미분입니다. 무슨 말인지 알듯 말듯 하지요. 지금은 미분의 기초 개념을 가볍게 익히는 시간이니 부담 없이 들어도 됩니다.

앞에서 변화율이 미분의 본질이라고 얘기했지요? 우리는 미분을 처음 공부하니까 그냥 변화율이 미분이라고 생각해 봅시다. 그렇다면 변화는 무엇이고 변화율은 무엇일까요? 옆에 있던 쥐선이가 이야기합니다.

"변화는 두 글자이고 변화율은 세 글자예요. 그것도 모르면서 누굴 가르치려 드는 거죠?"

그렇지만 변화와 변화율에는 쥐선이가 말한 것처럼 그런 단순한 차이만 있는 것이 아닙니다. 변화는 하나의 대상만 있어도 충분합니다. 나 혼자만 있어도 나의 변화를 알아볼 수 있습니다. 반면에 변화율에는 반드시 두 개의 대상이 있어야 합니다. 예를 들어, 나와 쥐선이의 변화를 두고 변화율을 말할 수 있습니다. 즉, 변화율이란 두 개의 대상으로 알 수 있는 것입니다.

미분은 '변화'가 아니라 '변화율'과 관련이 있습니다.

두 개의 대상으로 변화를 알아볼 수 있는 도구로 함수라는 친구가 있습니다. 여기서 우리의 논리력을 발휘해 보도록 합시다. 미분은 함수와 연관이 있습니다. '미분은 함수와 친구다.' 기억해 두세요. 함수라고 하면 치를 떠는 학생이 제법 있습니다. 그런데 마른하늘에 날벼락처럼 함수와 미분이 손을 잡은 것입니다. 나 역시 이런 대형 사고가 일어나리라고 처음부터 짐작한 것은 아닙니다. 함수에서 변화하는 속성이 미분의 변화하는 속성과 눈이 맞을 줄이야! 이건 필시 신들의 장난인 것 같습니다. 운명적이라고 볼 수밖에 없습니다.

일단 함수의 속성을 알아봅시다. 함수는 $y=f(x)$라고 배웠지요? 아직 안 배운 친구들은 이 기호를 반드시 기억해 두세요. 고등학교를 졸업하기 전까지 자주 만나게 될 녀석이니까요. x에 따라 변하는 y의 값들의 대응 관계가 바로 함수입니다. 바로 앞 문장에 '변하는'이라는 말이 나왔지요? 이것이 바로 미분과 연관되는 운명의 말입니다. 에로스의 장난처럼 '변하는'이라는 단어로 미분과 함수가 만나게 되는 운명에 처하게 됩니다. 이 친구만 없었더라도 우리 학생들이 미분과 함수로 인해 한꺼번에 괴로

워하지는 않았겠지요? 변하는 속성으로 맺어진 미분과 함수의 관계가 앞으로 어떻게 진행될지 궁금해집니다. 이들을 맺어 준 '변화율'. 단지 세 글자로 이루어진 이 단어의 힘을 느껴봅니다.

변화율을 수식으로 표현해 보겠습니다. 수식이 나오니 쥐선이가 바짝 긴장하는군요.

$$\text{변화율}_{\text{rate of change}} \equiv \frac{\Delta y}{\Delta x}$$

쥐선이가 그리스에서 물 건너온 수식을 보며 한마디 합니다.

"도대체 왜 저런 식으로 날 힘들게 하는 거야! 저 식의 정체는 대체 뭐야?"

쥐선이도 궁금해하는 변화율 $\frac{\Delta y}{\Delta x}$를 자세히 알아보도록 하겠습니다. 아, 그런데 '≡' 기호가 눈에 띄는군요. =를 잘못 쓴 거냐고요? 아니면, 도형의 합동을 나타내는 기호 아니냐고요? 이 기호는 정의를 나타내는 기호입니다. 위 표현에서는 변화율을 $\frac{\Delta y}{\Delta x}$로 정의한다는 의미가 되겠지요.

Δx의 Δ는 차이를 나타내는 영어 difference의 머리글자 d의 대문자에 해당하는 그리스 문자로 '델타_{delta}'라고 읽습니다.

"그럼 Δy는 '델타 와이'로 읽겠네요."

쥐선이의 빠른 적응력에 잠시 놀랍니다.

변화율은 Δx가 분모, Δy가 분자인 분수로 나타냅니다. 분수에서 x가 분모에, y가 분자에 오는 것을 보고 느끼는 것이 없나요? 그렇습니다. 일차함수의 식에 나오는 기울기와 관계가 있다는 것을 직감적으로 느껴야 합니다. 안 느껴지는 친구들도

억지로 느껴 보세요. 기울기와 어떤 관계가 있는지는 나중에 자세히 말해 주겠습니다.

변화율이 $\frac{\Delta y}{\Delta x}$라고 했는데 Δx의 의미를 모르고서는 어디 가서 이것을 안다고 말할 수 없습니다. 뒤에서 평균변화율을 공부할 때 배우겠지만 그래도 알아야 할 건 알고 넘어가야겠습니다.

Δx를 x의 증분이라고 합니다. 여기서 증은 '증오'라고 할 때 증이 아니라 '증가'라고 할 때의 증입니다. 증분이라는 것은 증가하는 양이라고 보면 얼추 비슷한 의미입니다. 그래서 Δy는 y의 증가량을 나타내는 y의 증분입니다.

결국, 변화율이란 y의 증가량을 x의 증가량으로 나눈 것을 의미합니다. 쥐선이가 "별거 아니네." 하면서 뛰어다니다 발목을 접질렀습니다. 조금 아는 것으로 까불면 다친다고 6·25 전쟁을 겪은 동네 할머니가 말해 주었습니다.

변화율을 알았다는 것은 미분의 정의에 매우 가깝게 갔다고 볼 수 있습니다. 여기서 한 가지 더! 미분에 극한이라는 양념을 살짝 쳐서 미분의 완성도를 높이면 아주 좋습니다.

"또 등장했어, 건방진 극한! 너 오늘 잘 만났다. 나와 극한 대결을 벌이자!"

쥐선이가 잇몸을 드러냅니다. 쥐선이는 자신이 점점 더 극한의 상황으로 다가가는 것을 못 느끼고 있습니다. 사람이란 정말 한 치 앞을 알 수 없습니다.

극한을 아주 극단적인 상황이라고 하면 의미가 약간은 이해될 것입니다. 극한에 대해 알고자 하면 극한의 기호도 같이 익혀 두어야 합니다. 극한의 기호를 보여 주겠습니다.

바로 lim입니다. 우리는 이것을 '리미트'라고 읽습니다. 나는 이 기호를 보면 중국에서 명절 때 두 사람이 사자탈을 덮어쓰고 북이나 징 소리에 맞추어 춤추는 모습이 생각납니다. 물론 이건 순전히 내 개인적인 생각입니다. 쥐선이가 얘기합니다.

"뭐야, 난 굼벵이 같아 보이는데……."

모습이 어떻든 간에 우리는 이 기호를 리미트 또는 극한 기호라고 합니다. 극한의 개념을 간단히 얘기하면 '점점 다가감'이라고 할 수 있습니다. 점점 멀어져 가네……. 마치 시나 노랫말에 자주 등장하는 문장 같네요. 자, 그럼 미분의 화룡점정의 시간으로 $\frac{\Delta y}{\Delta x}$에 극한을 한번 걸어 봅니다.

$$\lim_{\Delta x \to 0} \frac{\Delta y}{\Delta x}$$

이 식은 '분모의 Δx를 0에 아주 가깝게 보내면$_{\Delta x \to 0}$ 어떤 극한 상황이 벌어질까?'라는 뜻입니다. 변화율에 대한 아주 극단적인 상황을 생각해 보자는 것입니다. 이런 상황은 나중에 순간변화율에서 다루게 될 것입니다. 벌써부터 이 의미를 알고자 고생하고 싶은 사람이 있습니까? 뒤에 가면 얼마든지 고통의 시간이 있으므로 여기서는 그만……

$\lim\limits_{\Delta x \to 0} \dfrac{\Delta y}{\Delta x}$는 $\dfrac{dy}{dx}$로 둘 수 있습니다. 수학의 힘은 간단한 표현에 있습니다. 되도록 간단하게 표현하는 것이 좋습니다. 자주 접하게 되는 기호니까 외우거나 눈여겨 두세요. 잠시 외우는 시간을 갖겠습니다.

Δ델타, Δx델타 엑스, Δy델타 와이, $\lim$리미트, dx디 엑스, dy디 와이. Δ는 대문자를 나타내고 d는 소문자를 나타냅니다. 자, 이제 이들이 펼치는 무대의 공연을 감상해 봅시다.

$$\lim\limits_{\Delta x \to 0} \dfrac{\Delta y}{\Delta x} \equiv \dfrac{dy}{dx}$$

화려한 장면을 보았습니다. 머릿속에 잘 그려 두세요.

이런 모양과 관계가 있는 단어로 순간변화율이 있습니다. 순간변화율에는 극한이라는 양념이 첨가되어 그 맛이 아주 섬세합니다. 좀 더 예리한 극한의 맛이라고나 할까요. 여러분도 이 책을 열심히 읽다 보면 순간변화율의 섬세한 맛을 느끼게 될 것입니다. 뒤에서 그림을 가지고 다시 설명할 내용이니 지금은 가볍게 읽고 넘어가세요. 좀 어렵더라도 미래를 위해 참아 봅시다.

평균변화율은 Δ라는 삼각형 모양을 이용하여 $\frac{\Delta y}{\Delta x}$라고 나타냈습니다. 순간변화율은 소문자 d를 이용하여 $\frac{dy}{dx}$로 표현할 수 있습니다. 앞으로 이런 기호들을 만나면 먼저 반갑게 인사하세요. 그래야 우리에게 도움이 됩니다. 반갑게 맞이하면 수학도 우리에게 한 걸음 더 다가와서 마음을 열어 줄 것입니다.

미분에는 변화로서의 미분과 순간변화율로서의 미분이 있습니다. 평균변화율 $\frac{\Delta y}{\Delta x}$에 lim라는 미네랄이 함유된 맛을 첨가하여 순간적으로 가열한 순간변화율 $\frac{dy}{dx}$가 있습니다.

즉, Δx는 눈에 보이는 변화를 뜻하고 dx는 눈에 보이지 않는 극소의 변화량을 의미합니다. 웬만한 전문가가 아니면 dx의 순간적인 맛을 알기가 쉽지 않습니다. 낚시꾼의 손맛이 순간변화율의 맛이라고 할 수 있지요.

자, 이쯤 되어 평균변화율과 순간변화율에 대한 그림이 나오지 않고 이해하기란 쉽지 않습니다. 그림을 보면서 다시 이야기해 보도록 하지요.

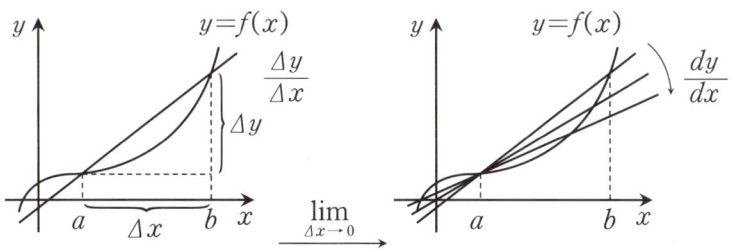

극한lim으로 몰고 갈수록 기울기가 점점 낮아지고, 곡선과 직선의 차이가 점점 좁아지는 것을 볼 수 있습니다. 여기서 그만! 이 정도만 알면 됩니다. 이에 대한 자세한 이야기는 뒤에서 알아보도록 하겠습니다.

수학을 처음부터 너무 자세히 알려고 하면 힘들어집니다. 어느 정도 적당한 거리를 유지하면서 배워야 합니다. 한 번에 다 알려고 하지 말고 자주 접하면서 자신의 몸속에 녹여 주어야 합니다. 그렇지 않으면 수학의 급격한 침투로 몸에서 거부 반응을 일으킬 수 있습니다.

이제 미분계수와 도함수를 알아봅시다. 미분계수는 $x=a$ 라는 한 점에서 생각해야 합니다. 미분계수는 한 점에 대한 미분 값이라고 할 수 있습니다.

앞의 그림을 떠올려 봅시다. 직선이 점점 줄어들면서 결국에는 한 점으로 다가가는 느낌이 있었지요? 한 점에 대한 느낌이 바로 미분계수라고 할 수 있습니다. 하지만 점이라고 딱 꼬집어 말하면 꼬집힌 자리만 아플 뿐입니다.

미분계수와 도함수는 어떤 관계가 있는 것일까요? 미분계수는 한 점에서의 느낌입니다. $x=a$에서 a라는 점의 느낌이라고 할 수 있습니다. 반면 도함수는 $x=a$에서 x의 느낌이라고 보면 될 것입니다.

x는 모든 점을 다 끌어안을 수 있습니다. a는 하나뿐이지만 x는 변하는 여러 수를 담을 수 있는 도량이 큰 친구입니다. 그런 큰 도량을 나타내는 x에 대한 표현이 바로 도함수입니다. 다시 정리해 보면 x에 아직 특정한 값을 주지 않은 상태의 함수를 도함수라고 말합니다. 여기서 이해가 가물가물하다면 수학과 이해의 거리를 유지하며 잠깐 머리를 식히세요. 약간 머리가 식은 상태에서 x와 도함수는 어떤 연관이 있다고만 생각하세요. 지금은 거기까지면 충분합니다.

미분계수와 도함수를 나타내는 기호를 보면 머리에 깃털처럼 위로 솟구친 것이 있습니다. $f'(x)$나 y'처럼 위로 솟구친 첨자 말입니다. 역사 드라마에서 신라 화랑을 보면 모자에 이런 모양의 깃털을 달고 있습니다. 쥐선이가 뛰어나와 인디언도 그런 깃털을 머리 주변에 달고 있다고 말합니다.

수학에서는 이 깃털을 '프라임'이라고 읽습니다. 이 기호는 라플라스가 처음 제안했습니다.

　라플라스는 프랑스의 수학자이자 천문학자 또한 물리학자이며 태양계의 안정성 연구로 가장 잘 알려졌습니다. 그는 나 뉴턴의 중력 이론을 태양계에 성공적으로 적용시켜 관측된 행성들이 이론적인 궤도에서 벗어나는 현상을 낱낱이 해명했고, 우주의 진화에 관한 개념을 발전시켰습니다. 또한 과학 자료의 확률적인 해석이 유용하다는 것을 입증하기도 했습니다.

　그는 가난한 농부의 아들이었으며, 군사 학교에 다닐 때 수학적 재능이 일찍 나타났다는 점 외에는 어린 시절에 관해 알려진 바가 거의 없습니다. 어려운 환경을 벗어나기 위해 그는 18세에 파리로 갔으며, 그곳에서 수학을 공부하겠다고 결심했습니다. 그 뒤 여러 역학 원리에 관한 편지를 수학자 장 르 롱 달랑베르에게 보냈으며, 달랑베르는 그를 사관 학교의 교수로 추천했습니다.

　이처럼 훌륭한 라플라스가 $f'(x)$를 읽어 주는 것으로 1교시 수업을 마칩니다.

　"에프 프라임 엑스."

수업 정리

❶ 변화율rate of change $\equiv \dfrac{\Delta y}{\Delta x}$

❷ $\displaystyle\lim_{\Delta x \to 0} \dfrac{\Delta y}{\Delta x} \equiv \dfrac{dy}{dx}$

❸ 미분계수는 한 점에서의 느낌입니다. $x=a$에서 a라는 점의 느낌이라고 할 수 있습니다. 반면 도함수는 $x=a$에서 x의 느낌이라고 보면 될 것입니다.

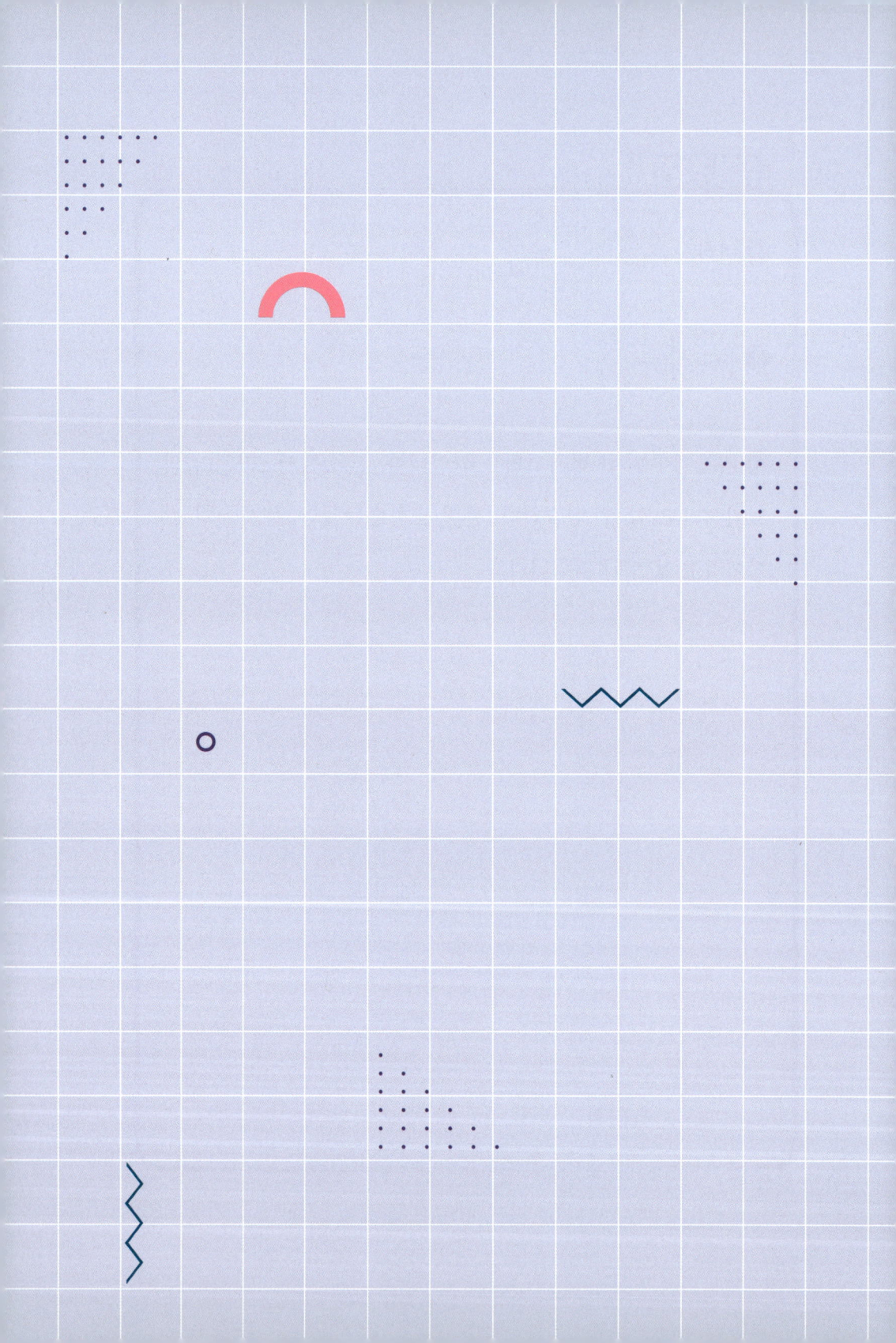

2교시

생활 속에 숨어 있는 미분 찾기

수학책뿐만 아니라 우리 생활 주변에서도 미분이 이용되는 예는 많이 찾을 수 있습니다. 확인해 봅시다.

수업 목표

1. 과속 단속 무인 카메라 속에 숨은 미분을 알아봅니다.
2. 전기와 자동차에도 미분은 감춰져 있습니다.
3. 일상생활 곳곳에서 미분을 발견해 봅니다.

미리 알면 좋아요

1. **속도** 한 점이 어떤 방향으로 얼마나 빠르게 움직이는지를 나타내는 양.

2. **주식** 금융에서 대부분 주권으로 분할되어 있고, 양도 가능한 증서로 표현되는 유한 회사의 응모된 자본.

3. **방정식** 어떤 문자가 특정한 값을 취할 때만 성립하는 등식.

뉴턴의
두 번째 수업

미분이 실생활과 밀접한 연관이 있다는 말을 한 번쯤은 들어 보았을 것입니다. 하지만 구체적으로 어떤 상황에 적용되는지 알고 있나요? 이번 시간에는 우리 주변에 숨어 있는 미분 이야기를 해 보겠습니다.

과속 단속 무인 카메라의 원리

고정식 무인 카메라는 대부분 카메라 전방 20~30m 앞에 사각형이 그려져 있습니다. 도로에 속도를 읽는 센서를 내장한 두 줄의 루프 검지기고리 모양의 차량 통행 감지기를 깔고 그 사이를 지나는 차의 '시간'을 측정해 '속도'로 환산합니다.

첫 번째 루프 검지기는 보통 두 번째 루프 검지기의 20~30m 앞에 설치되고, 두 번째 루프 검지기는 무인 단속 카메라 앞쪽 20~30m 지점에 설치됩니다. 센서를 통해 차의 과속이 인지되면 곧바로 카메라 플래시가 번쩍하고 터지면서 사진을 찍는 원리로 되어 있습니다. 마찬가지로 자동차 경주에서 속도를 기록할 때도 이 같은 방법을 사용한답니다.

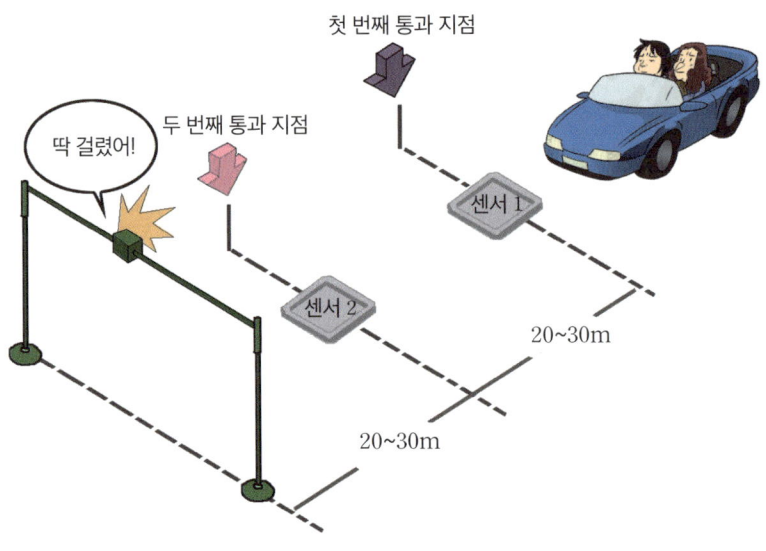

전기

전기의 원천인 발전기·변압기·송전과 같은 전력 관계부터 텔레비전·스테레오·세탁기와 같은 가전제품에 이르기까지 모두 미적분의 원리에 바탕을 두고 있습니다. 예를 들어 발전기의 원리는 패러데이의 전자기 유도의 법칙에 의존하고 있습니다.

패러데이의 전자기 유도의 법칙

자석의 N극과 S극의 가운데를 전선이 이동하면, 전선에는 전압이 발생하고 그 크기는 자기력선속물체 내의 어떤 면을 통과하는 자기 유도선의 수을 횡단하는 비율즉, 미분에 비례한다.

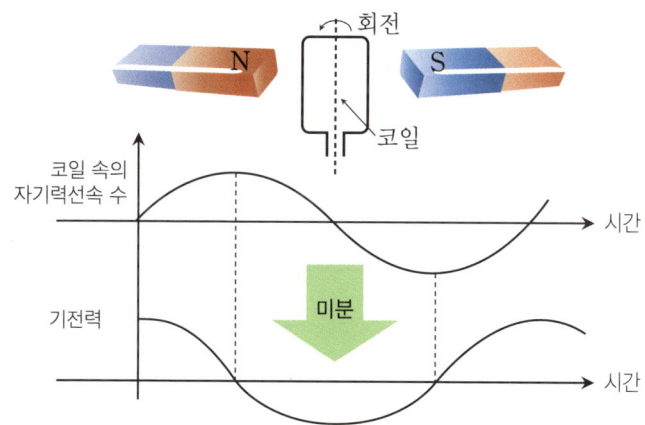

고속 열차의 구조에도 미분의 아이디어가 쓰입니다. 텔레비전이나 음향 기기에는 콘덴서나 코일이 곳곳에 사용되는데 이 또한 미적분이 작용하는 것들입니다.

자동차 차체 설계

자동차의 차체를 설계하기 위해서는 매끄러운 곡선이나 곡면의 도안이 필요합니다. 여기에 사용되는 것이 스플라인 곡선의 기술입니다. 이것은 몇 개의 점을 입력하면 컴퓨터가 미분

을 사용하여 매끄러운 곡선으로 이어 주는 것입니다.

주식 투자로 돈 벌기

주식을 매매할 때는 미분을 이용해 그래프를 분석하는 것이 중요합니다. 주식은 기본적으로 주식 가격의 극솟값에서 사고 극댓값에서 팔면 됩니다. 하지만 그 시기를 알 수 있다면 아무도 고민하지 않을 것입니다. 주식 가격은 회사의 업적을 그대로 반영하지는 않기 때문입니다.

도쿄 돔 구장이 완공되었을 때의 이야기를 예로 들어 보겠습니다. 흔히 초보자는 구장이 완공되었을 때 주식 가격이 극댓값이 된다고 생각하기 마련입니다. 완공되면 구장에 처음으로 손님이 모여들어 업적에 기여하기 때문입니다. 그러나 주식 가격의 움직임은 좀 다릅니다. 완공 직전에 극댓값이 되고 완공과 동시에 조금 내립니다.

가격은 주식에 한정되지 않고 '매매'라는 균형에 의해 결정됩니다. 그래서 주식이 오른다는 기대감으로 사는 사람이 늘어납니다. 즉, 그래프의 기울기가 크면 클수록 사는 사람이 늘어납니다. 그리고 돔이 완공되어 극댓값이 되었다고 판단되면 많은 사람이 파는 쪽으로 돌아서므로 값이 내려갑니다. 철도가 새로 놓였을 때의 토지 가격도 마찬가지입니다. 완성되기 전에 극댓값이 되며 완성 직후에 조금 내리는 것이 보통입니다.

현수교는 괜찮을까?

긴 다리를 놓을 때, 도중에 기둥을 이용하여 지탱하는 부분을 넣지 않는 것도 있습니다. 이 경우에는 그 사이를 케이블로 매달아야 됩니다.

금문교

초기의 현수교는 몇 번이나 큰 사고를 일으켰습니다. 프랑스에서 1850년에 일어난 바스셴 다리(앙제 다리) 사건은 유명한 예입니다. 다리가 무너져 226명이나 사망했다고 합니다. 현재는 안전하고 긴 현수교가 계속 만들어지고 있습니다. 이것도 새로운 이론적인 근거가 생겨났기 때문입니다.

실제로 여기에도 미분과 적분이 크게 공헌하고 있습니다. 스위스의 수학자 베르누이는 케이블 자체가 그리는 곡선이 현수선이 됨을 밝혔습니다. 현수선이란 보통 전선 등에서 볼 수 있는 곡선입니다. 이 곡선을 이용하여 현수교의 역학적 성질을 계산할 수 있게 된 것입니다.

에빙하우스의 망각 곡선

에빙하우스는 기억에 관한 여러 실험을 하였습니다. 그 결과, 개인에 따라 차이는 있지만 대개 인간은 기억한 것의 반 정도를 불과 1시간 내에 잊어버리고, 하루가 지난 후에는 70%, 1개월이 지난 후에는 약 80%를 잊어버린다는 사실을 밝혀냈습니다.

다음은 에빙하우스의 망각 곡선을 나타내는 일반적인 식입니다. 이 식을 이용하면 어떤 것을 학습하고 나서 t일이 지난 후 기억하고 있는 비율 $p\%$를 알 수 있습니다.

$$p=(100-a)e^{-bt}+a$$

위의 식에서 a와 b는 개인과 상황에 따라 달라지며, 이 식을 p에 대하여 미분하면 시간의 경과에 따라 기억하고 있는 비율의 변화를 알 수 있습니다.

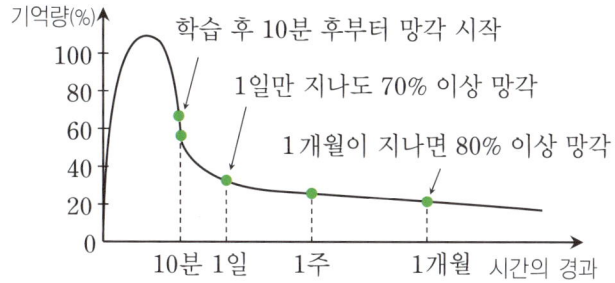

미분과 일기 예보

일기 예보는 대기도 우주 내의 모든 물질과 마찬가지로 물리학의 기본 법칙을 따른다는 생각에서 출발합니다. 일기 예보의 대상이 되는 대기는 '운동량 보존 법칙, 질량 보존의 법칙, 열역학 제1법칙, 기체 상태 방정식, 정역학 방정식, 수분 보존 법칙'의 지배를 받습니다. 이 사실로부터 대기의 운동 및 변화를 지배하는 방정식계를 만들 수 있는데, 방정식계를 구성하는 것은 시간에 대한 미분방정식입니다. 그러므로 이 방정식에 기온, 기압, 바람, 습도 등과 같은 초깃값을 넣고 시간에 대해 적분해 나가면 현재 시각으로부터 특정한 시간 후의 일기 요소기온, 기압, 바람, 습도 등를 계산할 수 있습니다. 태풍이 불고 비가 오는 등의 기상 변화와 지진이 일어나고 해류가 흐르는 것을 분석하고 예측하기 위해서는 고도의 미분방정식을 푸는 것이 필요합니다.

어때요? 미분의 넓은 쓰임새가 느껴집니까? 다음 교시에서는 미분을 사용하여 쉽게 해결할 수 있는 예제를 직접 해결하여 봅시다.

수업 정리

❶ 미분의 아이디어는 고속 열차의 구조에 쓰이고 있습니다. 텔레비전이나 음향 기기에는 콘덴서나 코일이 곳곳에 사용되고 있습니다. 이것 또한 미분과 적분이 작용하는 것들입니다.

❷ 자동차의 차체를 설계하기 위해서는 매끄러운 곡선이나 곡면의 도안이 필요합니다. 여기에 사용되는 것이 스플라인 곡선의 기술입니다. 이것은 몇 개의 점을 입력하면 컴퓨터가 미분을 사용하여 매끄러운 곡선으로 이어 주는 것입니다.

❸ 태풍이 불고 비가 오는 등의 기상 변화와 지진이 일어나고 해류가 흐르는 것을 분석하고 예측하기 위해서는 고도의 미분 방정식을 푸는 것이 필요합니다.

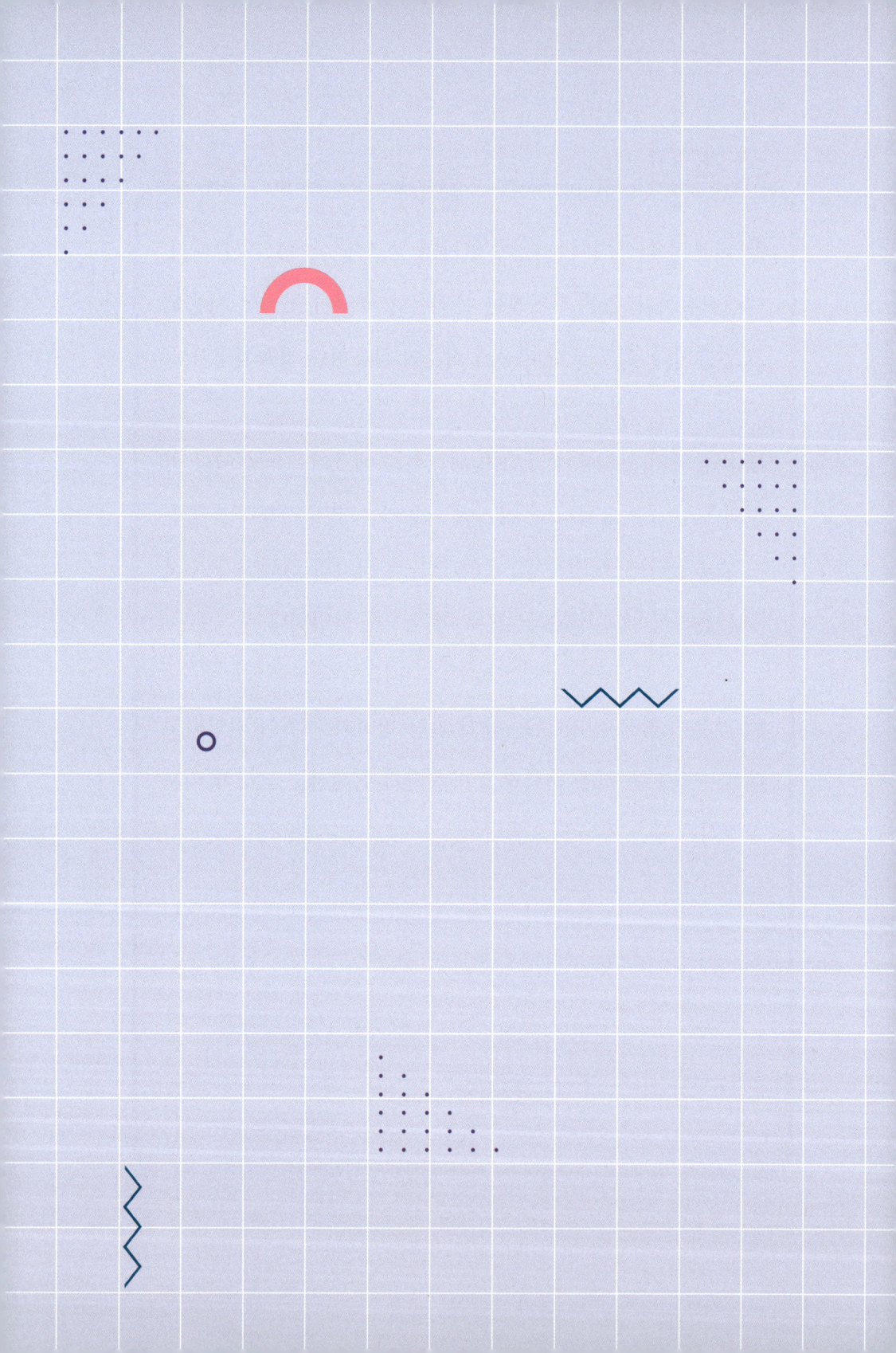

3교시

미분으로
무엇을 하나?

온도 변화나 운동 속도를 계산하는 데도 미분을 사용합니다.

수업 목표

1. 미분과 속도, 가속도에 대하여 알아봅니다.
2. 미분과 운동 법칙에 대하여 알아봅니다.

미리 알면 좋아요

1. **미분방정식** 과학, 공학 및 기타 연구 분야에 자주 쓰입니다. 미분방정식의 해는 일반적으로 하나이지만, 그 이상의 변수에 대해 하나의 변수가 어떤 함수에 의해 표현된다는 것을 나타내는 대수방정식이며, 보통 원래의 미분방정식에는 없는 상수항을 가지고 있습니다.

2. **함수** 수학에서 가장 많이 사용되는 함수라는 말은 두 집단 사이의 어떤 대응을 말합니다.

뉴턴의 세 번째 수업

 나는 사과가 떨어지는 것을 보고 만유인력을 생각해 냈습니다. 그때 나는 이렇게 생각했습니다.
 '왜 사과는 항상 땅 위에 떨어질까? 흙이 묻는데 말이야. 왜 옆으로 가지 않고 지구의 중심으로 향할까?'
 이때 쥐선이가 말합니다.
 "사과는 게가 아니므로 옆으로 가지 못하기 때문에 그런 것이 아닐까요? 선생님! 무시하세요."

사과가 땅으로 떨어지는 이유는 지구가 사과를 끌어당기기 때문입니다. 그런데 왜 지구가 사과를 끌어당길까요? 쥐선이가 톡 튀어나와서 말합니다.

"지구가 사과를 좋아하기 때문이죠. 지구가 끌어당길 만큼 사과에는 신선한 매력이 있지 않을까요?"

만약 지구가 사과를 싫어한다면 사과를 우주로 던져 버리겠군요. 내가 만유인력을 생각할 당시 쥐선이가 옆에 없었던 것이 정말 다행입니다. 같이 있었더라면 나는 절대 만유인력을 생각하지 못했을 것입니다. 물질은 서로 끌어당기는 힘을 지니고 있습니다. 이 힘을 만유인력이라고 합니다.

나는 이런 움직임, 운동에 미분법을 사용했습니다. 미분은 미음(ㅁ)이 맨 앞에 있는 것처럼 물리(맨 앞에 미음이 있는 글자)에서 주로 사용됩니다. 물리학자들은 미분을 모르면 안 됩니다. 쥐선이가 한마디 합니다.

"미분 놓고 물리도 모른다."

어째 이상합니다. 낫 놓고 기역 자도 모른다는 말은 들어 봤지만……

미분은 속도와 가속도를 구할 적에 많이 쓰입니다. 속도란 위치가 변화하는 빠르기_{변화율}를 말합니다.

$$(속도) = \frac{(위치의 변화량)}{(시간)}$$

"인터넷의 속도 계산에도 미분이 쓰인다는 말이군요."

쥐선이가 바로 알았군요. 그렇습니다. 미분은 속도 계산의 필수입니다. 정말 대단하지요.

행성의 궤도가 타원이라는 것을 증명하는 데도 미분을 이용합니다. 역학 이론을 일반화하여 사람들에게 알리기 위해서는 운동 법칙을 연립미분방정식_{운동 방정식}으로 나타내는 아이디어

가 필요합니다. 이제부터는 운동 법칙을 미분법을 이용하여 풀어보겠습니다.

수학의 미분방정식은 미래를 예측하게 해 줍니다.

"그렇다면 사주팔자를 보거나 관상학을 하는 사람들은 반드시 미분방정식을 배워야 하는 것 아닐까요?"

쥐선이의 판단입니다. 쥐선이와 이야기를 오래 하면 속이 부글부글 끓을 때가 있습니다. 이럴 때는 보리차가 최고입니다. 우리 수업에서도 보리차에 관한 미분 이야기를 하도록 하겠습니다. 보리차도 마시고 미분도 배우니 참 좋습니다.

보리차를 섭씨 0도$0°C$의 얼음물로 식힐 때의 온도 변화율_{변화하는 속도}은 그 순간의 보리차의 온도로 결정됩니다. 그러므로 처음의 온도를 알고 미분방정식을 이용하면 미래의 온도를 예측할 수 있습니다. 온도 변화율이 어떻게 달라지는지 식으로 나타내려면 미분방정식이 필요합니다.

쥐선이가 지금쯤 보리차가 식었겠지 하면서 한 잔을 마십니다.

"앗! 뜨거워!"

분명 쥐선이는 미분 계산을 잘못한 것 같습니다. 아마도 아예 계산을 하지 않았을 것입니다. 쥐선이가 얼마나 수학 공부를

싫어하는데요. 그러니까 사고를 당하는 것입니다. 그래서 나는 미분 공부를 열심히 해야 한다고 쥐선이에게 강조합니다. 쥐선이는 미분을 공부하느니 이 뜨거운 보리차를 다 마시겠다고 합니다. 정말 학생들은 수학을 싫어하나 봅니다.

'미분방정식'이라는 언어를 사용하여 18세기 전반에 미분의 업적을 이루어 낸 이들은 미분법의 또 다른 창시자 라이프니츠의 흐름을 연구하던 물리학자들이었습니다. 하지만 나 역시 기하학적 방법으로 초기 조건과 변화를 나타내는 법칙을 함께 도형으로 표현하였습니다.

나는 적당히 식은 보리차를 한 잔 마십니다. 보리차에 대한 이야기를 좀 더 해 보겠습니다. 보리차로 실험하며 온도 변화에 적용되는 미분을 알아보도록 합니다.

끓인 보리차를 컵에 담아 찬물섭씨 0도이 담긴 수조에 넣어 둡니다. 온도가 점점 내려가겠지요. 보리차는 온도가 내려가고 찬물은 상대적으로 올라갑니다. 보리차와 찬물의 온도 차가 작아질수록 보리차가 식는 속도는 느려집니다. 이때 우리가 주목해야 할 점은 식는 속도, 즉 냉각 속도의 변화율이 일정하지 않다는 것입니다. 이런 온도의 변화율을 알아보려고 합니다. 쥐선이가 자기는 알고 싶지 않다며 내 속을 끓입니다. 다시 좀 더 식은 보리차를 한 잔 합니다.

수업을 계속해 나갑니다. 이처럼 온도 변화율이 일정하지 않을 때 우리는 순간의 온도 변화율을 알 필요성을 느낍니다. 이때, 쥐선이가 보리차를 한 잔 하려고 해서 내가 잔을 빼앗고 물어봅니다. 필요성을 느끼냐고요. 목마른 쥐선이가 나를 보고 웃으며 "물론 느끼지요."라고 말하고 보리차를 시원하게 마십니다. 학습을 위해서는 당근과 채찍을 함께 주어야 효과가 나옵니다. 이번에 실감했습니다.

순간의 온도 변화율을 알기 위해 그림을 하나 관찰해 봅니다. 보리차가 식는 것을 그래프로 나타내었습니다. $t=5$분 근처에 돋보기를 대어 봅니다.

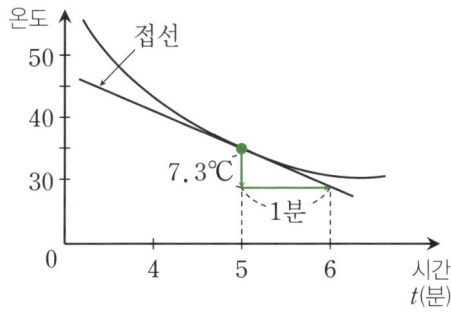

식는 기세로 보아 $t=5$분에서의 접선의 기울기가 그 순간의 온도 변화율 $-7.3\,°\mathrm{C}/$분입니다. 이처럼 순간의 온도 변화율을 구하기 위해서도 미분이 활용됩니다.

변화율을 미분 기호로 나타낼 수 있습니다. t부터 $\varDelta t$ 시간 동안 보리차의 온도가 $\varDelta x$만큼 변화했다고 하면 이 동안의 평균

온도 변화율은 $\frac{(온도의 변화량)}{(시간)}$ 이므로 $\frac{\Delta x}{\Delta t}$ 와 같습니다. 쥐선이가 드디어 원수는 외나무다리에서 만난다고 하면서 Δ델타를 노려봅니다. 삼각형도 싫지만 Δ는 더욱 싫다며 Δ와 싸우려는 쥐선이를 내가 나서서 말립니다.

다음의 그림을 하나 보면서 Δ를 이해하는 시간을 갖도록 합니다. 서로 알아야 이해할 수 있습니다.

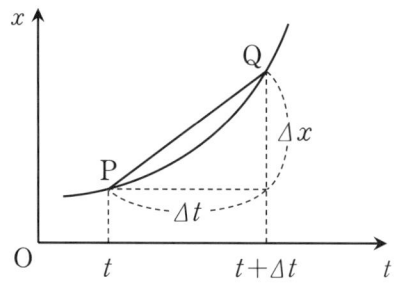

평균변화율 $\frac{\Delta x}{\Delta t}$ 는 선분 PQ의 기울기입니다. 여기서 t를 압정으로 고정시키고 시간 Δt를 점차 줄여 나가면 점 Q는 점 P에 가까워집니다. 선분 PQ의 기울기는 점 P에서의 접선의 기울기 시각 t에서 순간적인 온도 변화율에 가까워집니다.

따라서 Δt가 점점 작아지면서 0에 가까워지면 $\frac{\Delta x}{\Delta t}$ 도 끝없이

가까워지는 값극한값이라는 생각으로부터 시각 t에서의 순간적인 온도 변화율을 다음과 같은 기호로 나타낼 수 있습니다. 순간적인 극한에 사용되는 기호를 읽을 때는 분모부터 읽지 않고, '디 엑스 디 티'라고 읽습니다.

$$\frac{dx}{dt}$$

쥐선이가 얘기합니다.

"또 다른 기호 등장이네. 아, 짜증 나!"

보리차가 식는 속도를 보면서 나의 유명한 이론을 다시 생각합니다. 사람들은 이를 두고 '뉴턴의 냉각 법칙'이라고 합니다. 냉각 법칙은 물이 식는 속도는 물의 온도와 기온의 차에 비례한다는 것입니다. 온도가 높을수록 식는 속도는 빨라지지요.

어떤 탐정은 범죄 현장에서 식은 커피의 온도를 재 보고 범인이 언제 방을 나갔는지 알아내기도 합니다. 그 탐정의 이름은 명탐정 고난입니다. 절대 명탐정 코난이 아닙니다. 매일 힘든 날을 보낼 것이라며 그의 할아버지가 지어 준 이름입니다. 이름을 헷갈리지 마세요. 하지만 고난은 냉각 법칙을 잘 알고 있는 명탐정입니다.

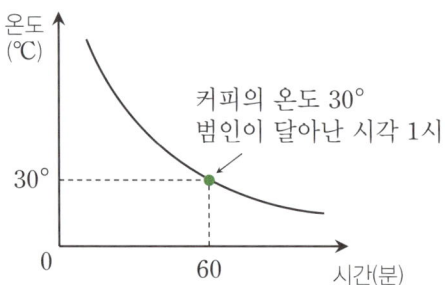

미분방정식을 이용하면 냉각 곡선이 지나는 각 점에서의 접선의 기울기를 미리 알 수 있습니다. 냉각 속도가 그때의 온도에 따라 어떻게 바뀌는지, 바꾸어 말하면 온도 x의 변화율 $\frac{dx}{dt}$가 x의 어떤 함수인지 미분방정식을 통하여 알아낼 수 있습니다.

"점쟁이 같은 미분방정식이네요."

쥐선이가 칭찬합니다.

이처럼 미분방정식은 상태 변화의 속도가 그 순간의 상태에 따라 결정되는 현상을 다룰 때 힘을 발휘합니다. 보리차의 온도에도 미분이라는 녀석을 이용하면 보는 시각을 좀 더 새롭게 할 수 있습니다.

때로는 두 개의 미분방정식을 연립하여 또 다른 미래를 예측하기도 합니다. 보리차를 찬물로 식히는 경우를 예를 들어 보여 주겠습니다.

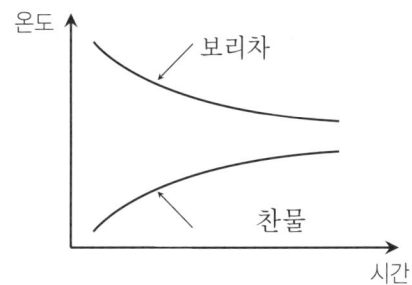

두 종류의 물이 섞이면서 온도가 변해 나가는 것도 미분방정식을 통하여 예측할 수 있습니다. 쥐선이는 이 사실을 신기한 일을 보여 주는 텔레비전 프로그램에 알려야겠다고 이야기합니다. 그래서 나는 이런 사실은 물리학자라면 누구나 아는 것이라며 말렸습니다.

쥐선이를 위해 함수에 대해 좀 더 자세히 설명해 주려고 합니다. 앞에서 보았듯이 변화율을 나타내는 그래프는 함수에 따라 달라집니다. 그래서 함수에 대해 잘 모르면 그래프를 이해하기가 쉽지 않습니다.

쥐선이가 말합니다.

"맞아. 내가 알 듯 말 듯 한 것도 다 함수 때문이야. 함수를 혼내 주자!"

한쪽을 정하면 다른 쪽이 정해지는 관계를 함수라고 합니다. 함수라는 단어만 생각하면 어려울 수 있습니다. 그러나 돈을 주면 물건을 받는 것과 함수를 연관 지어 생각하면 이해가 빠를 것입니다. 우리는 돈에 특히 약합니다. 무엇을 주면 무엇을 받는 관계가 바로 함수입니다. '주고, 받는' 두 개의 변수가 작용한다고 보면 됩니다. 자유낙하를 연구할 때 시간 t와 공이 떨어진 거리 y를 바로 함수의 관계로 나타낼 수 있습니다.

이런 함수의 움직임을 미분으로 나타낼 수 있습니다. 함수는 변합니다. 그 변화의 움직임을 미분이 알아내는 것입니다. 왜 미분에 함수가 등장했는지 이해할 수 있겠지요?

나는 행성의 궤도에 대한 연구할 때도 미분을 사용했습니다. 행성 역시 운동하기 때문에 미분으로 그 움직임을 알아낼 수 있습니다. 이때 쥐선이가 나에게 묻습니다.

"행성이 운동을 한다고요? 팔 운동, 다리 운동…… 어떤 운동을 하죠?"

나는 행성이 하는 운동은 사람처럼 신체를 강화시키기 위해 하는 운동이 아니라고 말해 줍니다. 하여튼 쥐선이는 못 말립니다. 나는 나의 책《프린키피아》에서 고대 그리스 기하학을 구사한 독자적인 미분법을 이용하여 타원 궤도를 증명하였습니다. 이 책에서는 그 증명을 하지 않겠습니다. 어려운 증명을 하지 않는다는 말에 쥐선이는 만세를 부르고는 소리를 지릅니다. 이번 수업을 마치겠습니다.

수업정리

❶ 속도란 위치가 변화하는 빠르기_{변화율}를 말합니다.

$$(속도) = \frac{(위치의 \ 변화량)}{(시간)}$$

❷ 역학의 이론을 일반화하여 사람들에게 알리기 위해서는 운동 법칙을 연립미분방정식_{운동 방정식}으로 나타내는 아이디어가 필요합니다.

❸ '미분방정식'이라는 언어를 사용하여 18세기 전반에 미분의 업적을 이루어 낸 이들은 미분법의 또 다른 창시자 라이프니츠의 흐름을 연구하던 물리학자들이었습니다.

❹ 뉴턴의 냉각 법칙은 물이 식는 속도는 물의 온도와 기온의 차에 비례한다는 것입니다.

❺ 미분방정식을 이용하면 냉각 곡선이 지나는 각 점에서의 접선의 기울기를 미리 알 수 있습니다. 냉각 속도가 그때의 온도에 따라 어떻게 바뀌는지, 바꾸어 말하면 온도 x의 변화율 $\frac{dx}{dt}$가 x의 어떤 함수인지 미분방정식을 통하여 알아낼 수 있습니다.

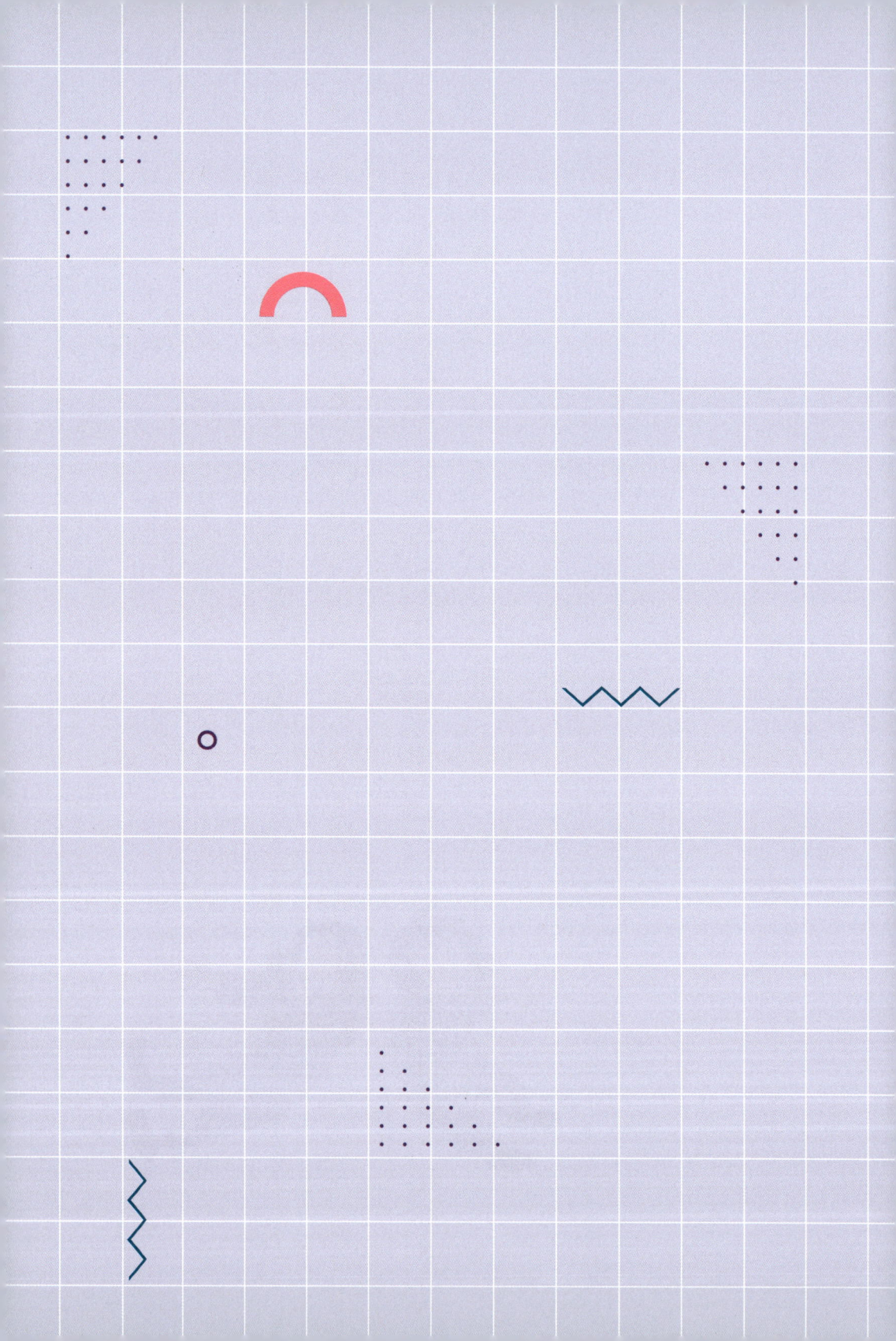

4교시

평균변화율

평균변화율을 이용해 평균속도를 구해 봅니다.
평균변화율과 직선의 기울기의 관계를 살펴보고,
미분의 다양한 활용에 대해 생각해 봅니다.

수업 목표

1. 평균변화율에 대하여 알아봅니다.
2. 평균변화율과 함수와의 관계를 알아봅니다.
3. 앞에서 배운 과속 카메라에 대한 미분의 활용에 대해 알아봅니다.

미리 알면 좋아요

1. **자유낙하** 행성은 태양의 중력장에서 자유낙하 상태에 있습니다. 뉴턴의 법칙은 자유낙하 하는 물체가 중력과 관성력의 합이 0이 되는 궤도를 따른다는 것을 보여 줍니다. 이것은 지구를 선회하는 우주선 안의 우주 비행사가 왜 무중력 상태를 경험하는가를 설명해 줍니다. 즉, 지구의 중력은 관성력_{우주선의 운동 때문에 원심력이 됨}과 반대 방향이며 크기가 같습니다.

2. **지수** 어떤 수의 거듭제곱을 나타내기 위해 그 수의 오른쪽 위에 작게 쓴 수. 예를 들어, 2^3에서 3이 지수이고 2는 밑입니다.

3. **일차함수** 함수를 나타내는 식이 일차식인 함수로 $y=2x+5$ 따위가 있습니다.

4. **계수** 문자 앞에 붙어 있는 수나 부호 따위를 말합니다.

뉴턴의
네 번째 수업

  이번 시간에는 평균변화율에 대해 공부할 것입니다. 우선 이 다섯 글자를 잘 살펴봅시다. 가운데에 '변화'라는 단어가 있지요. 변화와 관계되는 것이 바로 미분입니다. 미분은 움직임을 알아내는 도구라고 할 수 있습니다. 미분을 이용하면 변화를 알 수 있습니다.

  나는 한 입 베어 문 자리가 갈색으로 변한 사과를 주머니에서 꺼내 들었습니다. 이때, 쥐선이가 한 입만 달라며 사정합니다. 그래서 나는 한 입 먹으라고 주었습니다. 아뿔싸, 쥐선이의 입이 아주 크다는 걸 미처 생각하지 못했습니다. 뉴턴 하면 사과, 사과 하면 뉴턴이라 이번 실험을 사과로 하려고 했는데……. 아, 나의 상징인 사과가 쥐선이의 한 입에 사라져 버렸습니다. 쥐선이의 식탐으로 사과는 실험 도구로 사용할 수 없게 되었습니다. 그래서 나는 사과 대신 주먹만 한 돌을 이용하여 평균변화율을 설명하기로 했습니다.

정지해 있는 돌들고 있을 때는 정지 상태이 자유낙하 할 때를 생각해 봅시다. 낙하돌을 떨어뜨림하기 시작해서 x초 동안 낙하한 거리를 ym라 하면 다음 관계가 성립합니다. 여러분이 잔잔한 계산을 아주 싫어하는 관계로 비례상수는 간단히 5로 두고 식을 세우겠습니다.

$y=5x^2$이라는 함수의 식이 등장합니다. 앞에서도 이야기했듯이 함수도 어떠한 변화를 나타내는 식이라고 볼 수 있습니다. 그리고 함수와 미분은 떼려야 뗄 수 없는 친구 사이입니다.

돌을 떨어뜨리면서 고속 촬영을 해 보면, 물체가 떨어지는 속도는 일정하지 않고 시간에 따라 변합니다. 사과를 죽인 쥐선이가 순식간에 일어나는 일이라 몰랐다며 놀랍니다.

 낙하하기 시작해 1초에서 3초까지 물체가 낙하한 거리는 어떻게 구할 수 있을까요? 문제를 내니 쥐선이가 입을 꼭 다뭅니다. 웬만한 강심장이 아니고서는 수학 문제를 보고 당황하지 않을 수 없는 법이니까요.

 1초와 3초 사이에서 움직인 거리를 알고자 한다면 앞의 함수식을 이용해야 합니다. y는 낙하한 거리, 즉 움직인 거리입니다.

움직임을 알아낼 수 있는 도구가 바로 미분입니다. 그리고 x는 시간을 나타낸 것입니다. 시간의 변화 역시 미분과 관계가 있습니다. 앞에 나온 식을 이곳까지 끌어당겨 써 보겠습니다.

드르륵. $y=5x^2$ 앗, 조심하세요. 끌어당기는 과정에서 x 위에 붙어 있는 지수 2가 떨어질 수도 있습니다. 떨어지면 안 돼요. 쥐선이의 동생 이름이 쥐수라고 합니다. 하지만 수학에서 여러 번 곱해지는 것을 나타내는 지수와 쥐선이의 동생, 쥐수는 글자부터 다릅니다. 그럼 계산해 보도록 합니다.

$y=5x^2$에서 x에 3을 대입하면 3초 동안 움직인 거리를 구할 수 있습니다.

$$5x^2=5\times 3^2=5\times 3\times 3=45$$

$3^2=3\times 3$이 되는 것은 지수법칙에 의해서입니다. 지수에 있는 2는 3을 두 번 곱하라는 뜻입니다. 이것으로 3초 동안 낙하한 거리가 45m라는 것을 계산하였습니다.

이제 1초 동안 움직인 거리를 알아보기 위해 다시 위에 있는 함수의 식을 이용하겠습니다. 오늘 함수식이 좀 바쁘네요.

$y=5x^2=5\times 1^2=5\times 1=5$

여기서도 잠시 식을 살펴봅시다. $1^2=1$이 보이지요? 1의 성질이 잘 나타났습니다. 1은 굳센 의지를 가지고 있어서 자신을 아무리 곱해도 자기 자신이 됩니다. 예를 들면, $1^{100}=1$이 되는 식입니다.

3초 후의 거리 45m에서 1초 후의 거리 5m를 빼 봅시다. 그러면 $45-5=40$m으로 1초에서 3초까지의 낙하한 거리 40m를 구했습니다.

"왜 이런 문제를 풀어야 하는지 모르겠어요."

쥐선이가 말합니다. 그래서 나는 평균변화율을 알기 위한 문제라고 말해 줍니다. 평균변화율을 모르고 미분을 이해하는 것은 힘들기 때문입니다. 그리고 나는 자유낙하를 알기 위해서 미분을 개발하였습니다. 미분은 이런 계산을 쉽게 하기 위해 만든 것입니다. 사과나 돌이 떨어지는 것도 움직임, 즉 변화라고 볼 수 있습니다. 그런 변화를 감지하기 위한 수단이 바로 미분인 것입니다.

앞서 말했듯이 순간속도는 계속해서 변합니다. 따라서 물체의 낙하 속도는 평균속도를 구하여 평균변화율을 가지고 이야기해야 합니다.

속도라는 말을 접하니 반가운 마음이 듭니다. 속도에 대한 추억을 되새기는 시간을 가져 볼까요? 다음 공식을 보며 추억에 잠겨 보세요.

$$(속도) = \frac{(거리)}{(시간)}$$

어릴 때 많이 본 추억의 문방구 같은 공식이지요. 쪼그려 앉아 정다움을 느끼게 하는 공식입니다. 이 공식과 앞에서 구한 값을 이용하여 평균속도를 구해 보겠습니다.

$$(평균속도) = \frac{f(3)-f(1)}{3-1} =$$

앗, 이렇게 등호까지밖에 안 썼는데 어디 갑니까? 갑자기 $f(x)$가 등장해서 무척 화나고 당황했다고요? 미안해요. 다시 자세히 설명할게요. 그렇다고 갑자기 일어나서 가면 어떡합니까? 자, 책을 펼치고 마음을 푸세요.

앞에서 관계식 $y=5x^2$이 있었습니다. 이 관계식의 다른 이름을 함수라고 볼 수 있습니다. 그래서 식을 함수 $f(x)$를 이용하여 살짝 고칠 수 있습니다. y 대신 $f(x)$를 넣어서 다음과 같이 말입니다.

$$y=f(x)=5x^2$$

그리고 y를 떼어 내고 독립시켜 주어도 됩니다. $f(x)=5x^2$으로 말입니다. 자, 이제 $f(x)$의 정체를 알게 되었지요? 그래서 평균속도의 분자 지역에 나오는 $f(3)$과 $f(1)$은 각각 x에 3시간을 대입한 y의 값거리과 x에 1시간을 대입한 y의 값거리이라고 생각하면 됩니다. 알겠습니까? 분모는 시간의 차이를 나타낸 것이고 분자는 거리의 차이, 즉 간격을 나타낸 것입니다. 평균속도를 알기 위해서 뒤의 것 빼기 앞의 것을 한 셈입니다. 이제 다시 식을 정리해 보겠습니다.

$$(\text{평균속도})=\frac{f(3)-f(1)}{3-1}=\frac{45-5}{2}=20$$

그래서 평균속도는 20m/초이 됩니다. 다음 그림을 보세요.

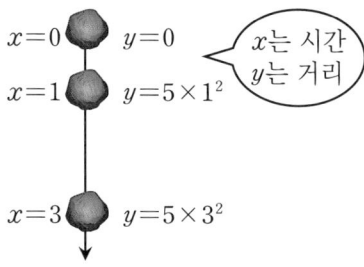

이제 예를 들어 설명해야겠습니다. 수학은 예를 들어야 참맛을 맛볼 수 있지요.

$y=x^2$이라는 함수에서 생각해 보겠습니다. x의 값이 1부터 3까지 2만큼 변하면 이에 따라 y의 값은 1부터 9까지 8만큼 변합니다.

"뭐야……. x는 조금 변했는데 y는 이렇게 심하게 변해도 되는 거야?"

쥐선이가 옆에서 투덜대는군요. y는 x^2과 같은 격이라 지수가 있으면 심하게 변할 수도 있습니다.

"맞아. 쥐수도 엄청 감정의 기복이 심해. 지수가 어쩜 내 동생 쥐수와 똑같으냐?"

이때, x의 변화량 2를 x의 증분, 즉 Δx라고 합니다. 또 y의 변화량 8을 Δx에 대한 y의 증분이라고 합니다. 기호로는 Δy라고 씁니다. 1교시에서 이야기한 것 기억나지요?

$\Delta x = 3-1 = 2$이고, $\Delta y = 9-1 = 8$입니다. 여기에서 y의 증분 Δy를 x의 증분 Δx로 나눈 것은 $\frac{\Delta y}{\Delta x} = \frac{9-1}{3-1} = 4$가 되고 이렇게 나온 결과를 평균변화율이라고 합니다. 그림을 보면서 다시 이야기합니다.

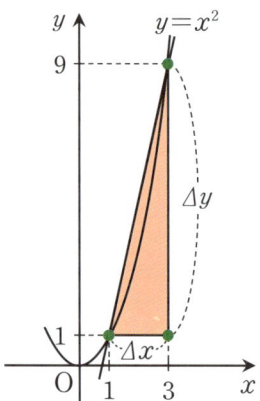

그림에서 알 수 있듯이 이 평균변화율은 두 점 $(1,1)$, $(3,9)$를 잇는 직선의 기울기를 나타내고 있습니다. 한마디로 평균변화율은 두 점을 잇는 직선의 기울기입니다.

좀 더 알아보기 위하여 함수 개념을 빌려 와서 다시 설명하겠습니다. 함수 $y=f(x)$입니다. $f(x)$를 이용하여 같은 개념이지만 느낌이 다르게 보여 주겠습니다.

함수 $y=f(x)$에서 x가 x_1에서 x_2까지 변할 때, 함숫값은 $y_1=f(x_1)$에서 $y_2=f(x_2)$까지 변합니다. 이때, x의 변화량과 y의 변화량을 식으로 나타내 보면 다음과 같습니다.

$$\frac{f(x_2)-f(x_1)}{x_2-x_1}$$

이것을 x가 x_1에서 x_2까지 변할 때의 함수 $f(x)$의 평균변화율이라고 합니다. 평균변화율은 직선의 기울기와 관계있습니다. 여기서 잠깐! 직선의 기울기는 무엇일까요?

직선의 기울기를 알기 위해 일단 일차함수의 예를 들겠습니다. 일차함수! 모습을 보여 주세요.

$$y = ax + b$$

여기서 a, b는 상수입니다. 상수는 일정한 수라는 뜻입니다. 그리고 여기서 중요한 것 하나! a는 0이 될 수 없습니다. 일차함수에서 a가 0이 되면 x에 0이 곱해져서 일차함수라는 의미를 잃어버리게 됩니다.

일차함수는 직선을 나타냅니다. 데카르트_{나만큼 유명한 수학자}에 의해서 일차함수는 그래프로 옮겨져 직선으로 그려지게 됩니다. 그 전까지 일차함수의 모습은 많은 수학자의 머릿속에서만 그려졌습니다. 어려운 말로는 대수_{수식}와 기하학_{도형}의 속삭임이 이루어진 셈입니다. 쥐선이가 버럭 화를 냅니다.

"기울기는 언제 이야기해 줄 건가요? 화장실도 안 가고 기다리고 있는데 이상한 속삭임 이야기나 하고 말이에요."

<mark>기울기</mark>는 직선의 기울어진 정도를 수로 나타낸 것을 말합니다. 일차함수 $y=ax+b$에서 x의 증가량에 대한 y의 증가량의 비율은 항상 a로 일정합니다. 이 비율을 일차함수 $y=ax+b$의 그래프의 기울기라고 합니다.

$$(기울기)=\frac{(y의\ 증가량)}{(x의\ 증가량)}=a$$

어디서 들어 본 듯합니다. 그림으로 기억을 확실히 떠올려 보도록 하지요.

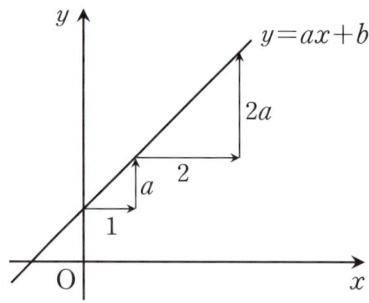

이 그림은 평균변화율을 나타내는 그림으로 앞에서 봤던 그

림이지요? 그렇습니다. (기울기)=$\frac{(수직\ 거리)}{(수평\ 거리)}$로 계산할 수 있습니다. 마치 평균변화율처럼 말입니다. 서서히 여러분의 머릿속에 평균변화율의 의미가 자리 잡고 있는 것 같군요.

2교시에서 과속 단속 카메라에 미분의 원리가 쓰인다고 했던 것 기억하나요?

아침에 출근하는 부모님을 보면 시간에 쫓기어 과속하는 경우가 있습니다. 그럴 때마다 여지없이 나타나는 것은 과속 단속 카메라입니다. 규정된 제한 속도를 10km 이상 어긴 경우는 찰칵하면서 사진이 찍히고 며칠 뒤에는 경찰서에서 차의 번호가 선명하게 보이는 사진을 담은, 속도위반 사실을 통보하는 스티커가 날아옵니다. 그런데 단속 카메라는 어떻게 그 짤막한 순간에 차의 속도를 정확히 잴 수 있는 것일까요?

제한 속도가 80km/h인 곳에 고정식 무인 카메라를 설치하고, 30m 간격으로 센서 1과 센서 2를 장치하였다고 가정해 봅시다. 과속 카메라에 찍히지 않기 위해서는 두 센서를 통과하는 시간이 최소 몇 초 이상 되어야 할까요?

제한 속도가 80km/h이므로 이것을 초속으로 바꾸면 다음과 같습니다.

$$\frac{80\text{km}}{1\text{시간}} = \frac{80000\text{m}}{60\text{분}} = \frac{80000\text{m}}{3600\text{초}} = \frac{200}{9}\text{m/초}$$

즉, 1초에 최대 $\frac{200}{9}$m를 가는 차량까지는 과속 카메라에 찍히지 않습니다.

두 센서 사이가 30m이므로 1초 : $\frac{200}{9}$m = □초 : 30m를 풀어 보면 1.35초가 나옵니다. 그러므로 센서와 센서 사이의 30m를 최소 1.35초 이상으로 통과하여야 과속 단속 카메라에 찍히지 않습니다.

이렇듯 센서 사이의 간격 30m를 통과할 때의 평균속력변화율을 구해 봄으로써 과속 단속 카메라에 찍히지 않는 기술(?)을 알아볼 수 있습니다. 앞으로 부모님이 운전하는 차 안에서 과속 카메라를 발견했을 때 이러한 평균변화율을 계산하여 말씀드리는 센스를 발휘하는 건 어떨까요?

평균변화율의 의미를 더욱더 되새기기 위해 각종 평균변화율이 있는 패션쇼가 열리는 곳으로 가 보겠습니다. 패션이라고 말하니까 쥐선이는 자신도 한 몸매 한다면서 나를 화나게 합니다.

짠! 평균변화율을 되새기는 패션쇼장에 왔습니다. 각종 평균변화율의 변신을 지켜봅니다. 물론 변신의 중심에는 언제나 함수

$y=f(x)$가 있습니다. 함수 $y=f(x)$에서 x의 값이 a에서 b까지 변할 때_{수평 거리}, 차례차례 평균변화율이 변하는 모습을 봅니다.

$$\frac{\Delta y}{\Delta x} = \frac{f(b)-f(a)}{b-a} = \frac{f(a+\Delta x)-f(a)}{\Delta x}$$

이것을 구간 $[a, b]$에서의 평균변화율이라고 합니다.

평균변화율이 세 번 변신하는 것을 보았습니다. 첫 번째와 두 번째 변신은 별로 놀랍지 않았습니다. 왜냐하면 앞에서 본 패션 그대로였기 때문입니다.

하지만 세 번째 패션은 아주 파격적인, 여태 보지 못했던 모습입니다. 놀랍고 과감한 변신에 적지 않게 당황한 학생들이 있을 것입니다. 너무 어려운 모습입니다.

세 번째 파격 변신에 대해 자세히 알아보겠습니다. 일단 그림을 하나 보며 이야기해야 말이 통할 것 같습니다. 쥐선이는 아직도 입을 다물지 못하는군요.

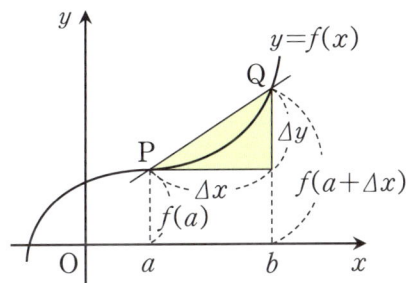

일단 삼각형의 밑변에 주목하세요. a에서 b까지의 거리가 Δx라고 할 수 있습니다. 기울기에서의 수평 거리라고 보면 됩니다. 그리고 삼각형의 높이에 주목하세요. 바닥에서 꼭지각까지의 거리를 $f(a)$부터 $f(a)$에 Δy가 더해진 $f(a+\Delta x)$까지로 볼 수 있습니다. 기울기의 수직 거리를 생각해 보세요. 이해가 될 때까지 그림을 보면서 끼워 맞춰 보세요. 수학은 때로는 혼자의 깨달음이 필요한 과목입니다.

두 번째와 세 번째 식을 연관하여 생각하면 $f(b)$가 $f(a+\Delta x)$라고 볼 수 있는 것입니다. 위치를 잘 보며 생각해 보세요. 두 번째 식에 있는 $f(b)$가 세 번째 식의 $f(a+\Delta x)$의 위치에 있으니까요. 이렇듯 피나는 노력에 의해서 평균변화율의 세 번째 모습이 탄생한 것입니다. 세 번째 모습이 자주 등장하므로 반드시 그 패션의 감을 익혀 두도록 합니다.

평균변화율에 대한 세 가지 모습 속에 숨겨진 그들의 삼각관계를 밝혀 보면서 이번 수업을 마치겠습니다.

함수 f를 $f(x)=mx+n$이라고 둡시다. x 앞에 있는 m은 이 함수의 기울기를 나타내는 수라고 할 수 있습니다. 여기서 x가 a에서 b까지 변할 때, 다음과 같이 됩니다.

$$\Delta y = f(a+\Delta x) - f(a)$$
$$= \{m(a+\Delta x)+n\} - (ma+n)$$

$$=ma+m\varDelta x+n-ma-n$$
$$=m\varDelta x$$

이 과정이 이해가 안 된다면 함수에 대한 개념이 약간 부족하기 때문이지요.

$f(x)=mx+n$의 x 대신에 $a+\varDelta x$를 넣으면 $f(a+\varDelta x)=m(a+\varDelta x)+n$으로 바뀝니다. 단지 대입이라는 기술을 썼을 뿐이지요. 함수는 x에 어떤 값을 넣느냐에 따라 얼마든지 변신이 가능합니다. 마치 패션모델이 옷을 갈아입듯이 함수도 다양하게 변신할 수 있습니다. x의 값에 따라서 말입니다.

그럼 이제 정리해 보겠습니다. $\varDelta y=m\varDelta x$라고 정리가 되었으므로 $f(x)$의 평균변화율은 $\dfrac{\varDelta y}{\varDelta x}=\dfrac{m\varDelta x}{\varDelta x}=m$이라는 관계를 어렴풋이 알게 되었습니다. 그러니까 평균변화율이 바로 직선의 기울기와 밀접한 관계가 있다는 뜻입니다.

주어진 직선의 함수를 봅니다. $y=mx+n$. x 앞의 계수가 바로 기울기 m입니다. 메아리가 울려 퍼집니다. 직선의 기울기가 평균변화율, 율, 율……. 힘겨운 시간이 끝나고 네 번째 수업을 마칩니다.

수업 정리

❶ 함수 $y=f(x)$에서 x가 x_1에서 x_2까지 변할 때, 함숫값은 $y_1=f(x_1)$에서 $y_2=f(x_2)$까지 변합니다. 이때, x의 변화량과 y의 변화량을 식으로 나타내면 다음과 같습니다.

$$\frac{\Delta y}{\Delta x}=\frac{f(x_2)-f(x_1)}{x_2-x_1}$$

이것을 x가 x_1에서 x_2까지 변할 때, 함수 $f(x)$의 평균변화율이라고 합니다.

❷ 일차함수 $y=ax+b$에서 x의 증가량에 대한 y의 증가량의 비율은 항상 a로 일정합니다. 이 비율을 일차함수 $y=ax+b$의 그래프의 기울기라고 합니다.

$$(\text{기울기})=\frac{(y\text{의 증가량})}{(x\text{의 증가량})}=a$$

❸ 함수 $y=f(x)$에서 x의 값이 a에서 b까지 변할 때, 차례차례 평균변화율이 변하는 모습을 봅니다.

$$\frac{\Delta y}{\Delta x}=\frac{f(b)-f(a)}{b-a}=\frac{f(a+\Delta x)-f(a)}{\Delta x}$$

이것을 구간 $[a,b]$에서의 평균변화율이라고 합니다.

❹ 평균변화율은 직선의 기울기와 밀접한 관계가 있습니다. 함수 $y=mx+n$에서 x 앞의 계수 m이 바로 기울기입니다.

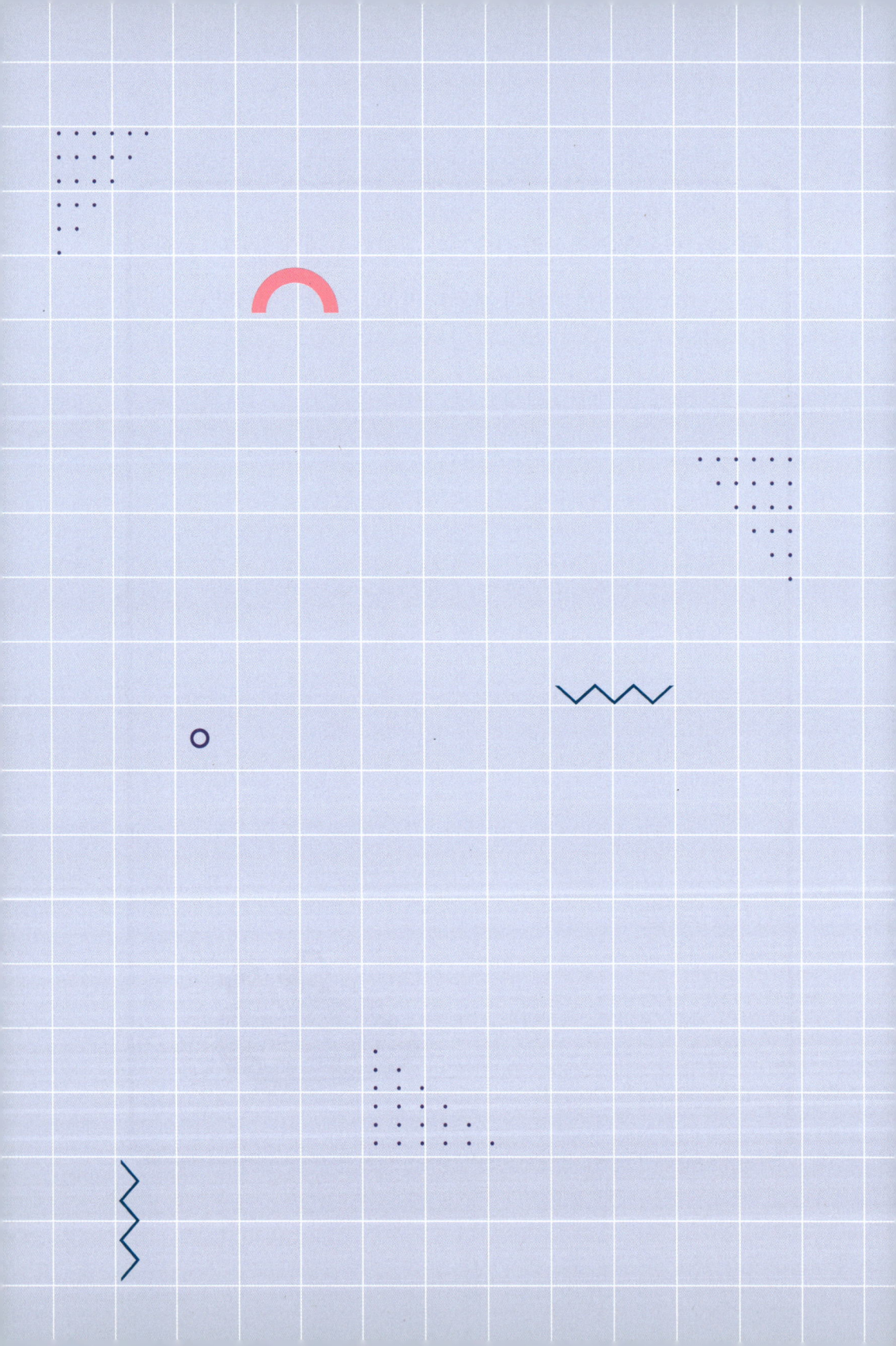

5교시

미분계수

평균변화율의 극한과 미분계수의 관계를 알아보고
직접 계산해 봅니다.

수업 목표

1. 미분계수에 대하여 알아봅니다.
2. 평균변화율의 극한을 알아봅니다.
3. 함수 속에서 움직이는 한 점의 기울기를 알아봅니다.

미리 알면 좋아요

1. **극한** 함숫값이 정의되지 않는 점에서 그 점 부근의 함숫값과 모순되지 않는 값을 얻기 위해서 주로 사용합니다.

2. **무한대** 수학에서 무한대는 어떤 실수나 자연수보다도 더 큰 상태를 뜻합니다.

뉴턴의 다섯 번째 수업

앞에서 평균변화율을 공부했다면 이번 시간은 분명 미분계수를 공부해야 합니다. 평균변화율에 극한lim의 등장을 기대하세요.의 개념을 도입하면 순간변화율을 알게 됩니다.

앞에서 공부한 그림을 떠올려 볼까요? 평균변화율의 직선이 점점 줄어들면서 거의 점으로 되는 극한 상태의 모습이 기억납니까? 그것을 순간변화율이라고 보면 됩니다. 순간변화율이 바로 미분계수입니다.

 순간이라는 말은 아주 짧은 시간을 의미합니다. 아주 짧은 시간 동안 변하는 상태를 미분계수라고 합니다. 어떻게 순간을 느낄 수 있는지 이번 수업 시간은 촉각을 곤두세워야 할 것입니다.

 새로운 사과를 가지고 실험하겠습니다. 실험이라고 해서 대단한 실험을 하는 것은 아닙니다. 실험 중 폭발을 하거나 그러지는 않습니다. 단지 경우에 따라서는 사과가 깨지면서 사과즙

이 옷에 튈 수도 있습니다.

나는 사과를 하나 들고 있습니다. 이 사과는 내가 들고 있으니 현재 정지되어 있습니다. 곧 떨어뜨려질 운명이지만…….

정지했던 사과가 자유낙하 할 때, 시간 x초와 낙하한 거리 ym 사이의 관계를 나타내는 함수 $y=5x^2$에 대하여 알아보겠습니다.

1초에서 $1+h$ (h는 아주 짧은 시간으로 생각합니다) 초까지, 즉 h초 동안의 평균속도를 구해 보겠습니다. h가 아주 짧은 시간을 나타내니까 정말 세밀한 촉각이 필요합니다. 물론 위에서 나온 관계식 $y=5x^2$을 이용하여 알아낼 수 있습니다.

이제는 y 대신 $f(x)$로 쓸 수 있다는 것을 앞에서 배워 알고 있지요. 기억이 안 나면 지금 그렇게 알아 두세요. $y=f(x)$. $f(x)$가 바로 y의 값이라는 뜻입니다. 그래서 $f(x)=5x^2$으로 만들었습니다.

(속도)$=\dfrac{(거리)}{(시간)}$이므로 앞 시간에 배운 평균속도를 구하는 방법을 응용하여 다음과 같이 계산합니다.

$$(평균속도)=\dfrac{f(1+h)-f(1)}{(1+h)-1}$$

$$= \frac{5(1+h)^2 - 5 \cdot 1^2}{(1+h) - 1}$$
$$= \frac{5h(h+2)}{h}$$
$$= 5h + 10 \text{m/초}$$

분모는 걸린 시간, 분자는 이동 거리입니다. 이제 비장한 각오를 하고 문제를 접하는 시간이 돌아왔습니다. 자칫 방심하면 어둠의 나락으로 떨어져 천 길 낭떠러지로 추락하게 됩니다. 정신을 바짝 차리세요.

구해 놓은 $5h+10$에서 h의 값을 0에 한없이 가깝게 보냅니다. 바로 이 말이 극한을 뜻하는 것입니다. 밑줄 그으세요. h의 값을 0이 아닌 0으로 아주 가깝게 보낸다는 의미입니다. 그럼 0으로 보내는 기호를 살펴볼까요? $h \to 0$과 같이 화살표가 사용됩니다. h를 0으로 보낸다는 뜻입니다.

계산하면 $\lim_{h \to 0}(5h+10) = 10$이 됩니다. 원래 좌극한왼쪽에서 다가가는 값과 우극한오른쪽에서 다가가는 값을 모두 따져 보아야 합니다. 하지만 그런다면 여러분의 뇌세포는 모두 소멸될지도 모릅니다. 간혹 주변에 침을 흘리며 다니는 친구들이 있다면 분명 이 부분을 열심히 공부하다가 잠시 정신이 나간 것일 겁니다. 이제 미분계수에 대해 좀 더 깊이 있게 정리해 보는 시간을 갖겠습니다.

변수 x가 a에서 $a+\Delta x$까지 변할 때, 함수 $y=f(x)$의 평균변화율은 다음과 같이 굳건한 모습을 보입니다.

$$\frac{\Delta y}{\Delta x} = \frac{}{a+\Delta x - a} = \frac{f(a+\Delta x) - f(a)}{\Delta x}$$

식의 중간에 분자를 비워 둔 것은 분모의 계산 과정을 강조하기 위한 것입니다. 평균변화율의 튼튼한 모습에 주눅이 들 수도 있지만 앞 시간에 우리와 인사한 친근한 존재이니 안심하세요.

이제 $\Delta x \to 0$일 때의 극한값을 구해 보겠습니다. 앞에서는 h를 0으로 보냈지만 이번에는 Δx를 0으로 보내겠습니다. 극한은 여러 명을 0으로 보내는군요.

$$\lim_{\Delta x \to 0} \frac{\Delta y}{\Delta x} = \lim_{\Delta x \to 0} \frac{f(a+\Delta x) - f(a)}{\Delta x}$$

이러한 극한값이 존재하면, 함수 $f(x)$는 $x=a$에서 미분가능하다고 합니다. 이 역시 평균변화율에 $\lim$를 붙이면 순간변화율과 관계가 있습니다.

 이때의 극한값을 함수 $f(x)$의 $x=a$에서의 미분계수 또는 순간변화율이라 하고, 기호로는 $f'(a)$로 나타냅니다. 드디어 미분 기호가 등장하네요. 기호를 읽어 볼까요? $f'(a)$는 '에프 프라임 에이'라고 읽습니다. 인디언 깃털, 아니 화랑의 깃털을 프라임이라고 읽는다고 앞에서도 이야기했지요?

 $f'(a)$는 a라는 지점에서 순간적으로 일어나는 순간변화율,

바로 미분계수입니다. 특히, 함수 $f(x)$가 어떤 구간에 속하는 모든 x에 관하여 미분가능할 때 함수 $f(x)$는 그 구간에서 미분가능하다고 합니다. 어떻게 보면 당연한 말을 반복하니 잘 납득이 되지 않지요? 사실 나도 이런 표현을 상당히 싫어합니다. 하지만 교과서에도 나오는 표현이니까 일단 들어 둡니다.

함수 $y=f(x)$의 $x=a$에서의 미분계수 $f'(a)$는 다음과 같습니다. 이를 이용하여 거의 모든 함수를 미분할 것입니다.

$$f'(a) = \lim_{\Delta x \to 0} \frac{f(a+\Delta x)-f(a)}{\Delta x}$$

$f'(a)$는 $y'_{x=a}$, $\left[\dfrac{dy}{dx}\right]_{x=a}$ 라고 표현하는 방법도 있지만 잘 쓰지 않습니다. 한마디 더 한다면 lim의 등장으로 '프라임이라는 녀석이 출연했다는 사실입니다. 그들의 관계를 잘 기억해 두세요. 악어와 악어새 같은 공생 관계입니다.

그럼 변화율인 미분계수를 구해 봅시다. 함수 $y=x^2$의 구간 $[1, 1+\Delta x]$에서의 평균변화율은 다음과 같이 계산합니다.

$$\frac{\Delta y}{\Delta x} = \frac{(1+\Delta x)^2 - 1^2}{(1+\Delta x)-1}$$

$$= \frac{1+2\Delta x+(\Delta x)^2-1}{\Delta x}$$
$$= \frac{2\Delta x+(\Delta x)^2}{\Delta x}$$
$$= 2+\Delta x$$

여기에서 x의 증분 Δx가 $\Delta x=0.1$, $\Delta x=0.01$, $\Delta x=0.001$, ……과 같이 0에 가까운 값을 향해 달려갈 때 평균변화율을 알아봅시다.

$\Delta x=0.1$일 때, $\frac{\Delta y}{\Delta x}=2+\Delta x=2+0.1=2.1$

$\Delta x=0.01$일 때, $\frac{\Delta y}{\Delta x}=2+\Delta x=2+0.01=2.01$

$\Delta x=0.001$일 때, $\frac{\Delta y}{\Delta x}=2+\Delta x=2+0.001=2.001$

여기에서 Δx가 한없이 0에 가까워질 때의 평균변화율의 극한을 생각해 보겠습니다. 극한 하면 떠올려야 하는 것이 바로 lim입니다. lim는 갈 데까지 가 보자는 속성을 가집니다. 극한으로 몰고 가면 Δx의 값은 거의 0이 됩니다. 눈 한번 찔끔 감고 0이라고 두고 계산합니다.

$\Delta x \to 0$일 때, $\dfrac{\Delta y}{\Delta x} \to 2$ 곧, $\lim\limits_{\Delta x \to 0} \dfrac{\Delta y}{\Delta x} = 2$

그렇습니다. Δx가 0으로 가면 평균변화율의 극한은 2로 갈 수밖에 없는 딱한 처지입니다. 극한이란 아주 극단적인 친구입니다. 0으로 가는 것을 마치 0으로 생각해 버리니까요.

그리고 극한의 개념은 무한의 개념과도 연관이 있습니다. 무한의 개념은 옛날에는 신의 영역이라 여겨 수학에서 다루기 꺼렸습니다. 무한의 영역을 다루다 종교계로부터 혼난 수학자가 칸토어입니다. 칸토어는 무한의 영역을 다루다가 우울증까지 앓게 되었답니다.

칸토어 이야기는 그만하고 다시 위의 내용을 정리해 봅시다. 함수 $y=x^2$의 $x=1$에서의 변화율(미분계수)은 2입니다. 이것을 그림으로 나타내 보겠습니다.

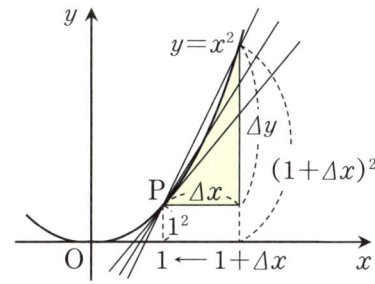

그림을 잘 보세요. 그리고 내 손을 보세요. 저 그림에서 Δx는 처음에는 요만큼이었습니다.

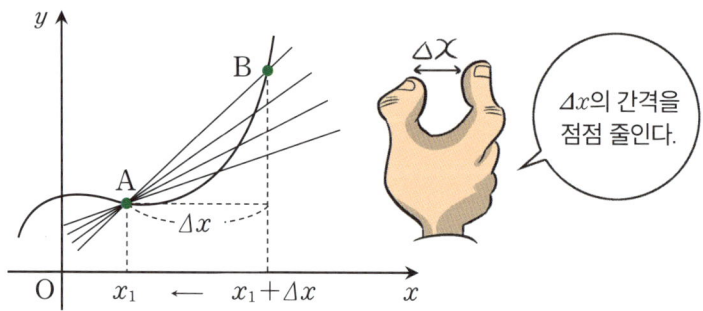

이 Δx가 점점 줄어들어서 변화율의 값이 나오게 됩니다. 이처럼 미분은 변화, 즉 운동을 다루어 나갑니다. 나는 운동체의 속도를 구하는 과정에서 미분법을 발견하였답니다.

미분계수의 개념을 한 번 정리해 보도록 하겠습니다. 미분계수란 특정한 점에서의 접선의 기울기라고 생각하세요. 점에서 접선의 기울기라니……. 머리가 복잡해지는 것 같지요?

함수 $y=f(x)$의 $x=x_1$특정한 점에서의 미분계수는 다음과 같이 정의합니다.

$$f'(x_1) = \lim_{\Delta x \to 0} \frac{\Delta y}{\Delta x} = \lim_{\Delta x \to 0} \frac{f(x_1+\Delta x)-f(x_1)}{\Delta x}$$

미분계수의 정의에 대해 잘 알아 두세요. 미분계수는 특정한 점에서의 접선의 기울기라는 것을 꼭 기억하세요. 그래야 다음 문제를 풀 수 있으니까요.

문제라는 말에 쥐선이의 몸이 사시나무 떨듯 합니다. 하지만 수학 수업에서 문제가 빠지면 속 없는 찐빵이나 마찬가지입니다. 먼저 힌트를 주고 시작할 테니 핏속에 아드레날린을 너무 많이 투입하지 마세요. 긴장하지 말라는 소리지요.

함수 $y=f(x)$의 $x=1$에서의 변화율_{특정한 점 $x=1$에서의 접선의 기울기}, 즉 미분계수는 $y'_{x=1} = \lim\limits_{\Delta x \to 0} \dfrac{f(1+\Delta x)-f(1)}{\Delta x}$ 입니다. 이것을 잘 생각하고 다음 문제를 풀어 보세요.

쏙쏙 문제 풀기

함수 $y=x^2+2x$의 $x=1$에서의 순간변화율을 구하시오.

순간변화율이 바로 미분계수입니다. 참고로 $y'_{x=1}$과 $y'(1)$은 같은 뜻입니다. 문제를 풀어 나가도록 하겠습니다.

$y'_{x=1} = \lim\limits_{\Delta x \to 0} \dfrac{f(1+\Delta x)-f(1)}{\Delta x}$ 을 힌트로 하여 생각해 보세요. 우리가 구할 것은 x가 1일 때의 순간변화율입니다. 한 점에서 순

간적으로 생기는 기울기를 구하는 것입니다. 다음에 나타나는 식은 주어진 함수식에 대해 '$1+\Delta x$를 x에 대입한 것'에서 '1을 x에 대입한 것'을 빼는 식을 분자에 적느라 복잡해진 것입니다.

$$\begin{aligned} y'_{x=1} &= \lim_{\Delta x \to 0} \frac{(1+\Delta x)^2 + 2(1+\Delta x) - (1^2 + 2 \times 1)}{\Delta x} \\ &= \lim_{\Delta x \to 0} \frac{4(\Delta x) + (\Delta x)^2}{\Delta x} \\ &= \lim_{\Delta x \to 0} (4 + \Delta x) \\ &= 4 \end{aligned}$$

이 풀이 과정을 알려면 우선 함수를 이해해야 합니다. 분자의 계산은 함수의 값에 따른 계산이었습니다. 그리고 Δx가 분자와 분모에 골고루 있으므로 약분이 된 것이고요. 복잡하게 생겼다고 해서 약분이 되지 않는 것은 아닙니다. 또한 $\Delta x \to 0$인 것은 0으로 가고 있으니까 Δx가 0이라고 생각한 것입니다. 극한은 아주 제멋대로입니다. 가고 있는데 갔다고 생각해 버리니까요.

미분은 아주 미세하게 분할하기 때문에 극단적인 극한과 친할 수 있습니다. 그래서 극한의 값을 순간변화율 또는 미분계수라고 할 수 있는 것입니다. 이제 $x=a$에서의 미분계수 삼인 방을 소개하려고 합니다. 이 친구들을 소개하고 이번 수업도 마칠 것입니다. 이 삼인방은 학생들이 고등학교 수학을 정복하는 데 큰 힘을 줄 것입니다. 그 당당한 모습을 보겠습니다. 이해가 안 되는 친구들은 펜으로 직접 쓰면서 모습을 익혀 두세요.

$$f'(a) = \lim_{\Delta x \to 0} \frac{f(a+\Delta x)-f(a)}{\Delta x}$$ 역시 이 친구는 빠지지 않습니다.

$$= \lim_{h \to 0} \frac{f(a+h)-f(a)}{h}$$ 미분계수의 응용 공식입니다. 등장이 만만하지 않습니다.

$$= \lim_{x \to a} \frac{f(x)-f(a)}{x-a}$$ 위 두 친구는 모두 0을 향해 달려가는데, 이 친구는 x가 a로 향하는 점이 특이합니다.

각각을 구별해서 기억해 두세요. 그럼 두 번째, 세 번째 공식의 활약상을 살펴볼까요? 우선 두 번째 공식의 활약상입니다.

쏙쏙 문제 풀기

함수 $f(x)$에서 $f'(a)=1$일 때, 다음 극한값을 구하시오.
$$\lim_{h \to 0} \frac{f(a+2h)-f(a)}{h}$$

음, 단순히 두 번째 공식을 적용하기에는 좀 벅찹니다. 쥐선이가 이런 식은 너무 힘들고 곤란하다고 투덜댑니다. 하지만 원래 있는 것을 쉽게 만든다고 없어지게 할 수는 없는 노릇 아니겠습니까? $\lim_{h \to 0} \frac{f(a+2h)-f(a)}{h}$라는 식은 함락하기 힘든 트로이의 성처럼 너무 굳건해 보이는 것이 사실입니다. 우리가 싫어하는 것을 다 지니고 있는 모습입니다. 복잡한 분수 모양에다가 분자에 함수가 들어 있고, lim라는 극한의 기호까지 있으니 말입니다. 이것을 제대로 이해하기란 너무 힘들 것입니다.

하지만 여러분은 지금 소설이나 만화를 읽기 위해 이 책을 들고 있는 것이 아니랍니다. 미분을 정복하기 위해 이 책을 잡고 있다는 사명감을 느끼도록 하세요. 우리가 공격할 것은 바로 미분 그 자체입니다. 힘이 들더라도 보람은 남을 것이라고 장담할 수 있습니다. 분수와 함수, 극한으로 이루어진 미분! 힘을 내어 싸워 봅시다.

다시 문제의 식을 자세히 살펴봅니다. 분자의 첫 번째 함수의 모습, $f(a+2h)$에서 뭔가 이상한 기운이 느껴집니다. 앞에서 배울 때는 분자에 있는 함수의 x 자리에 $a+2h$가 아니라 $a+h$

가 들어가 있었기 때문입니다. 아래에 있는 식을 참조하세요. 별나게 쳐다봐야 이해가 됩니다. 별!

$$\lim_{\bigstar \to 0} \frac{f(a+\bigstar)-f(a)}{\bigstar}=f'(a)$$

이 식처럼 분모와 분자의 ★이 서로 같아야 합니다. 별(?)생각을 다 해 보세요.

다시 문제와 일대일로 맞서 싸워 봅시다. 그 결과 다음과 같이 승리하는 모습을 볼 수 있습니다.

$$\lim_{h \to 0} \frac{f(a+2h)-f(a)}{2h} \times 2 = f'(a) \times 2 = 2$$

분자의 첫 번째 함수 x 자리의 $2h$와 같게 하기 위해 분모에 2를 곱해 줍니다. 하지만 원래대로 돌리기 위해 분모에 곱한 만큼 분자에 2를 곱해야 식으로서 안전성을 보장받습니다. 분수란 원래 그렇습니다. 분모에 곱한 만큼 분자에 곱해 주어야 군소리를 하지 않거든요.

두 번째 응용 공식은 별★ 생각으로 풀었습니다. 기억하세요. 미분으로 가기 위해 그들의 기분을 맞추어 주어야 한다는 사실을 말입니다. 하늘의 별을 보고 기억하세요. 프라임을 만들기 위한 식들의 반란이었습니다.

이제 대망의 세 번째 응용 공식입니다. 이번에는 미분계수를 이용한 극한값의 계산입니다. 주어진 점에서 순간의 기울기라고 하지요. 등장이 화려하군요. 물론 학생들의 미움을 받기에는 딱입니다.

쏙쏙 문제 풀기

$f(1)=2, f'(1)=3$인 함수 $f(x)$에 대하여 $\lim\limits_{x \to 1} \dfrac{f(x)-f(1)}{x^2-1}$ 을 구하시오.

여기서 다시 우리를 곤란하게 만드는 lim가 등장합니다. 이 식을 이해하기 위하여 다음과 같은 공식을 보여 주겠습니다.

$$f'(a)=\lim_{x \to a} \dfrac{f(x)-f(a)}{x-a}$$

복잡하게 이해하지 말고 이러한 모습이 다 갖추어지면 $f'(a)$ 로 간단히 바꿀 수 있다고만 생각하세요. 미분은 쉽게 해결되지 않습니다. 다만 우리가 정복해 나갈 뿐입니다. 에베레스트산이 올라가기 어렵다고 해서 고지가 낮아지기를 기대할 수는 없습니다. 낮은 에베레스트산은 야망의 등산가에게는 아무런 의미를 주지 못합니다.

미분도 마찬가지입니다. 공부하기는 힘들지만 정복해야 할 존재입니다. 많은 이들이 쉬운 미분을 말하려고 하다가 결국 학생들에게 미분의 참뜻을 전달하지 못했습니다. 그래서 나 뉴턴이 이렇게 미분을 전달하는 전령사가 된 것입니다. 다시 힘을 내어 도전해 보도록 합니다.

$$\lim_{x \to 1} \frac{f(x)-f(1)}{x^2-1}$$

물론 이 식에는 또 다른 신비한 작용이 첨가되어 있습니다. 바로 중학교에서 배우는 인수분해 공식이 첨가물로 들어가 있습니다. 이 인수분해 공식은 화학조미료만큼 해롭지는 않습니다. 단지 중학생들의 머리를 잠시 혼란에 빠지게 할 뿐입니다.

그렇다면 우선 이 문제를 푸는 데 필요한 인수분해를 알고 넘어가도록 합니다.

분모의 x^2-1에 주목해 주세요. $x^2-1=(x+1)(x-1)$로 바뀔 수 있습니다. 여기에 바로 인수분해의 힘이 작용한 것입니다. 아무튼 외워 두세요. 곧 쓰일 것입니다.

$$\lim_{x \to 1} \frac{f(x)-f(1)}{x^2-1}$$
$$=\lim_{x \to 1} \frac{f(x)-f(1)}{x-1} \times \frac{1}{x+1} \quad \leftarrow x^2-1=(x+1)(x-1)$$
$$=f'(1) \times \lim_{x \to 1} \frac{1}{x+1}$$

두 번째 과정에서 인수분해가 쓰였습니다. 어딘지 찾았나요? 레벨이 높은 기술입니다.

마무리를 하면 $3 \times \frac{1}{2} = \frac{3}{2}$입니다. 문제의 조건에 $f'(1)=3$이 주어져서 그것을 이용했습니다. 극한에서는 x에 1을 넣어 분수를 정리했습니다. 그리고 둘 사이의 관계가 곱하기라 해서 곱했습니다. 정말 오묘한 맛이 있습니다. 상큼한 인수분해에서 미네랄의 맛이 확 느껴집니다.

한 가지만 정리하고 이번 수업을 마치도록 합니다.

쏙쏙 이해하기

함수 $y=f(x)$ 위의 점 $(a, f(a))$에서의 접선의 기울기는 $f'(a)$입니다.

함수의 움직임 속에서 한 점의 기울기가 바로 미분계수이고, 그것을 f'(한 점)으로 나타낼 수 있습니다. 그것을 찾아내는 도구가 바로 미분입니다. 미분은 움직임을 살피기 위해 탄생한 것입니다.

수업정리

❶ 평균변화율의 직선이 점점 줄어들면서 거의 점으로 되는 극한 상태의 모습을 순간변화율이라고 보면 됩니다. 순간변화율이 바로 미분계수입니다.

❷ 함수 $y=f(x)$의 $x=a$에서의 미분계수 $f'(a)$는 다음과 같습니다.
$$f'(a)=\lim_{\Delta x \to 0}\frac{f(a+\Delta x)-f(a)}{\Delta x}$$

$f'(a)$는 $y'_{x=a}$, $\left[\dfrac{dy}{dx}\right]_{x=a}$ 로 표현하기도 합니다.

❸ $f'(a)=\lim\limits_{\Delta x \to 0}\dfrac{f(a+\Delta x)-f(a)}{\Delta x}$
$=\lim\limits_{h \to 0}\dfrac{f(a+h)-f(a)}{h}$
$=\lim\limits_{x \to a}\dfrac{f(x)-f(a)}{x-a}$

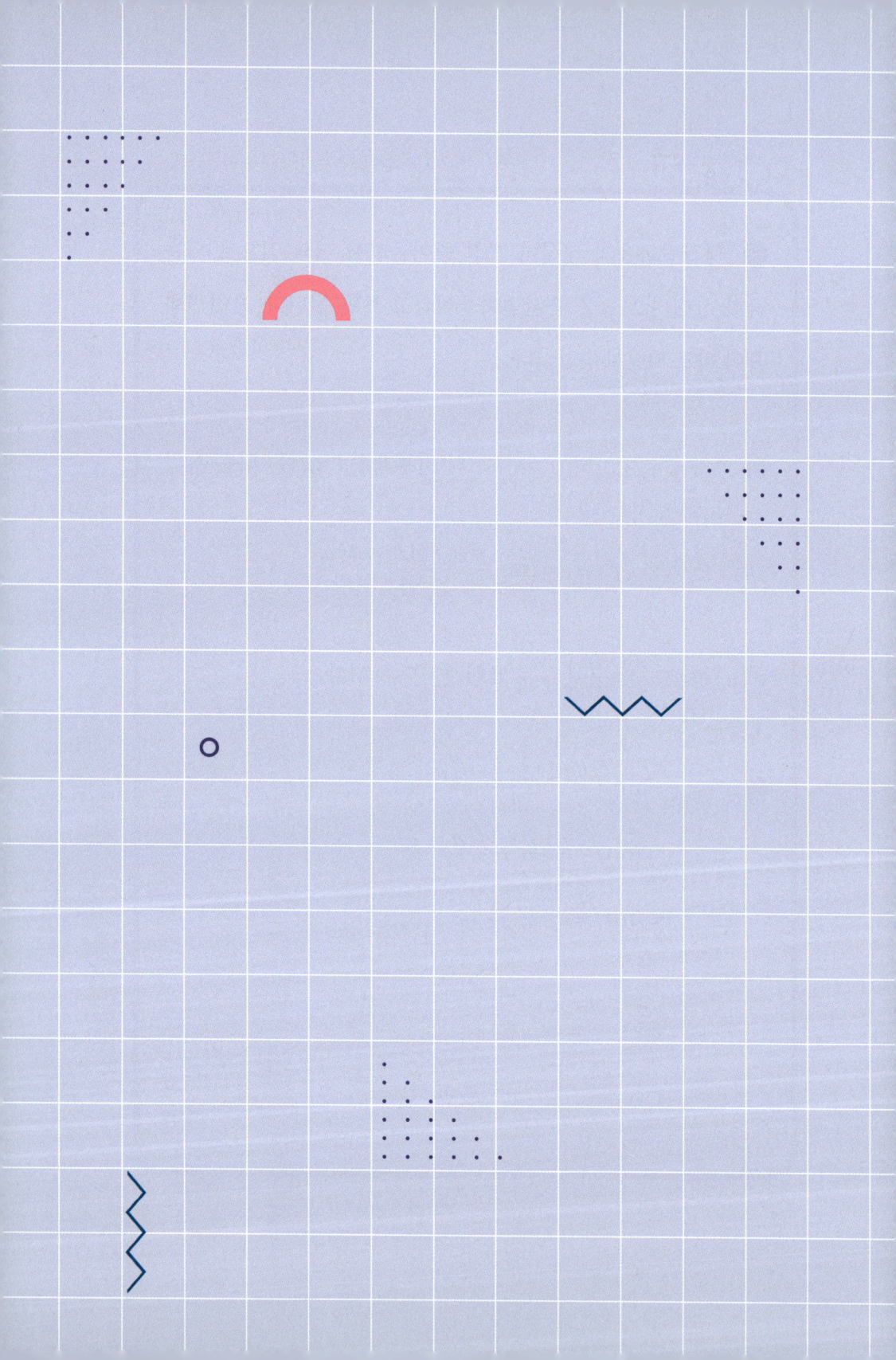

6교시

미분가능과 연속

> 함수의 연속성은 어떻게 정의하는지
> 그리고 어느 경우에 미분가능하다고 하는지
> 알아봅니다.

수업 목표

1. 함수의 연속에 대해 알아봅니다.
2. 함숫값과 극한값에 대해 알아봅니다.
3. 좌극한과 우극한에 대하여 알아봅니다.

미리 알면 좋아요

1. **벤 다이어그램** 부분집합, 합집합, 교집합 따위의 집합 사이의 연산을 쉽게 설명하기 위하여 나타낸 도식. 영국의 논리학자 벤John Venn이 고안하였습니다.

2. **순서쌍** 두 원소 a, b로부터 순서를 생각하여 만든 쌍을 순서쌍이라 하고 흔히 (a, b)로 적습니다. $(a, b)=(c, d)$이면 $a=c$, $b=d$라는 성질을 가집니다.

3. **절댓값** 실수에서 양 또는 음의 부호를 떼어 버린 수입니다. a의 절댓값은 $|a|$로 나타냅니다.

뉴턴의
여섯 번째 수업

쥐선이가 달려와서 나에게 물어봅니다.

"미분이 언제나 가능한 게 아닌가요?"

그렇습니다. 경우에 따라서 미분이 가능할 수도 있고 불가능할 수도 있습니다. 언제나 미분이 가능한 것은 아닙니다. 앞에서는 미분계수가 존재할 때 미분가능하다고 이야기했습니다.

쥐선이는 항상 미분가능한 것이 아니라는 말에 정말 뜻밖이라는 반응을 합니다. 이제까지 미분은 모든 움직임을 다 찾아

냈다고 생각한 쥐선이에게는 큰 충격이 아닐 수 없습니다. 그렇다면 우리가 미분할 수 있을 때와 하지 못할 때를 알아내야 하는 숙제가 생긴 셈입니다. 바로 그게 우리를 괴롭히게 될 것이라는 것을 쥐선이는 오랜 수학 문제를 접하면서 알게 된 것입니다. 분명 그건 문제로 등장할 것입니다. 미분은 정말 알다가도 모를 존재입니다. 알수록 어려워지기도 하고요. 힘을 내고 다시 달려들어 봅니다.

$x=a$에서 미분계수는 다음과 같이 정의합니다.

$$f'(a)=\lim_{\Delta x \to 0}\frac{f(a+\Delta x)-f(a)}{\Delta x}$$

이 값을 가지면 미분가능하다는 뜻입니다. 즉, 이렇게 잘 갖추어진 모습이면 미분이 된다는 말이지요. 그럼 이런 모습을 갖추지 않으면 미분할 수 없는 것일까요? 서서히 안으로 파고들어가 봅시다.

'미분가능하면 연속이다.'

미분가능과 연속에 대한 변하지 않는 말입니다. 하지만 이 말을 뒤집어 말한다면 성립이 안 될 수도 있습니다. 연속이면 미분가능하다는 말은 성립이 안 될 수도 있다는 뜻이지요.

> **쏙쏙 이해하기**
>
> 함수 $f(x)$가 $x=a$에서 미분가능하면 $f(x)$는 $x=a$에서 연속입니다.

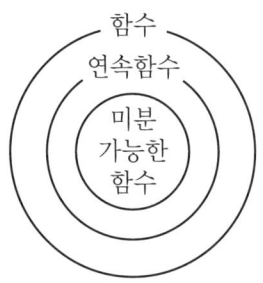

위 그림은 벤 다이어그램을 이용한 포함관계를 나타냅니다. 작은 것은 큰 것에 포함되어도 큰 것은 작은 것에 포함되지 않는다는 것을 보여 주고 있습니다. 일상생활에서도 마찬가지입니다. 작은 밥그릇은 큰 밥그릇에 들어가도 큰 밥그릇은 작은 밥그릇에 들어가지 않습니다.

연속함수의 범위는 크고 미분가능한 함수의 범위는 작습니다. 일반적으로 함수 $f(x)$가 어떤 구간에서 미분가능하면 $f(x)$는 그 구간에서 연속입니다.

"연속이 뭐예요?"

쥐선이가 물어 옵니다. 연속은 끊어지지 않은 것이라고 생각할 수 있습니다. 이제 수학에서 말하는 연속에 대해 좀 더 자세히 알아보도록 하지요.

쥐선이가 실을 하나 들고 나타납니다. 연속된 실입니다.

연속의 의미

함수 $f(x)$에 대하여

① $x=a$에서 정의되어 있고

② $\lim_{x \to a} f(x)$가 존재하며 _{극한값이 있다.}

③ $\lim_{x \to a} f(x) = f(a)$ _{극한값과 함숫값이 같다.}

일 때, 이 함수는 $x=a$에서 연속이라고 합니다.

이때 쥐선이가 실을 뚝 끊어 버립니다. 나는 실이 끊어진 부분을 에이a라고 말합니다. a_{끊어진 부분}가 연결되지 않았으므로 실은 연속적이지 않습니다. $x=a$에서 극한값이 없다는 이야기입니다. 함숫값도 없습니다. 그래서 연속이 아닙니다.

이제 연속에 대한 성질을 어느 정도 안 상태에서 미분가능성과 연속성을 연결하여 배워 보도록 합니다. $x=a$에서 미분계수가 존재하기 위해서는, 즉 미분할 수 있으려면 우선 $x=a$에서 함숫값이 있어야 합니다. '함숫값이 있다.'는 것은 $f(a)$가 있어야 한다는 말입니다. 말보다 그림을 통하면 이해가 빠릅니다. 다음 그래프를 보도록 합시다.

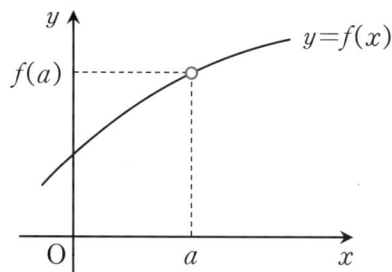

　그래프에서 a를 따라 올라가니 $f(a)$의 자리가 뻥 뚫려 있습니다. 즉, $x=a$에서 함숫값이 존재하지 않으므로 이 함수는 $x=a$에서 미분가능하지 않습니다. 잘 알아 두세요. 함숫값이 없으면 미분이 안 됩니다.

　그다음으로는 $x=a$에서 연속이어야 합니다. 결론부터 이야기하자면 극한값과 함숫값이 같아야 한다는 것입니다. 즉, $f(a)=\lim\limits_{x \to a} f(x)$이면 $x=a$에서 연속이라는 말입니다. $f(a)$는 함숫값이고 $\lim\limits_{x \to a} f(x)$는 극한값이거든요. lim 기호가 붙어 있는 것이 극한값입니다. 둘이 같으면 연속이라는 뜻입니다.

　연속에 대한 보다 자세한 이야기는《코시가 들려주는 연속함수 이야기》를 참고하도록 하세요. 이제 다음에 나오는 그래프를 보면서 좀 더 공부해 보겠습니다.

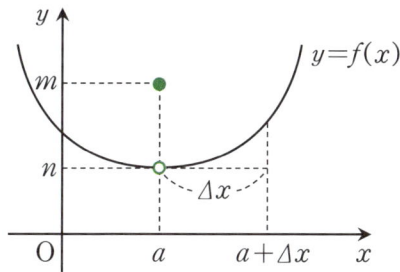

$x=a$에서의 함숫값 $f(a)$는 m입니다. 그런데 $\lim_{x \to a} f(x) = n$입니다. 아니, 함숫값과 극한값이 다릅니다. 극한값에는 앞에 lim가 붙어 있습니다. lim가 없으면 극한값이 아닙니다. 기호를 꼭 확인하세요. 유사품도 많이 있거든요.

쥐선이가 무슨 말인지 자세히 얘기해 달라고 합니다. 그러면 다시 생각해 봅시다.

그림에서 a 위로 쭉 올라가면 한 점을 만납니다. 이것은 a에 대응된 y의 값 m입니다. 즉, 이 m이 바로 함숫값에 해당됩니다. 함숫값은 점들의 모임이라고 말할 수 있습니다.

극한값이란 함수의 그래프가 어디로 가고 있는가를 따지는 것입니다. 결코 목표점에 도달하지 않습니다. 그곳으로 가려고 할 뿐입니다. 극한의 성질은 아주 철학적입니다. 그래서 극한값을 구하는 것이 힘든 것입니다.

하여튼 이 함수의 극한을 생각해 보면, a로 다가갈 때 극한값은 함숫값과 달리 n으로 달려가고 있습니다. n이 목표인 셈입니다. m과 n이 다르듯이 이 함수의 함숫값과 극한값은 다릅니다. 그래서 함숫값과 극한값이 다르면 이 함수는 미분가능하지 않습니다. 미분에서 탈락!

이때, 극한값 $\lim\limits_{\Delta x \to 0} \dfrac{f(a+\Delta x)-f(a)}{\Delta x}$는 다음과 같이 구할 수 있습니다.

$$\lim_{\Delta x \to 0} \frac{f(a+\Delta x)-f(a)}{\Delta x} = \lim_{\Delta x \to 0} \frac{f(a+\Delta x)-m}{\Delta x}$$

이 상태에서 Δx를 0으로 보내면 이 값은 $\dfrac{(상수)}{0}$의 꼴이 됩니다. 분모가 0으로 가는 상태에서 분자가 하나의 상수라면, 분자는 분모에 비해 엄청나게 커지게 됩니다. 결국 그 값이 무한대로 발산하게 됩니다. 발산하면 극한값은 존재하지 않습니다. 발산의 반대 개념인 수렴은 한 군데로 가는 상태를 말합니다.

발산하면 극한값을 갖지 못해서 미분가능하지 않습니다. 우리는 극한값을 갖지 못하는 함수는 미분가능하지 않다는 것을 알게 되었습니다.

　그리고 미분가능하면 연속이 됩니다. 연속이라고 해서 미분 가능한 것이 아니지요. 미연(미분과 연속의 준말)이는 되지만 연미는 안 된다고 생각하면 나중에 틀린 것을 찾는 문제에서 도움이 될 것입니다.

　이제 우리는 연속이지만 미분가능하지 않은 경우를 알아보겠습니다. 앞에서 본 벤 다이어그램을 다시 한번 보도록 하죠.

가장 중심에 미분가능한 함수가 마치 계란 노른자처럼 자리 잡고 있던 그림 말입니다. 그다음으로 범위가 큰 것이 바로 연속함수였습니다.

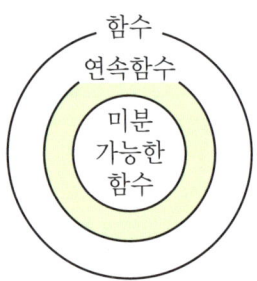

미분가능한 함수를 쏙 빼 버리고 남은 고리 모양인, 미분가능하지 않지만 연속인 지역에는 무엇이 해당할까요? 그 지역에는 아주 표독한 녀석이 있습니다. 모양은 아주 뾰족한 모습입니다. 마치 송곳니처럼 말입니다. 이제부터는 아주 매섭도록 뾰족한 놈들을 다룰 것입니다. 찔리지 않도록 주의하세요.

미분은 부드러운 것을 좋아합니다. 미분은 물결치듯 부드럽고 둥글어야 좋고 각이 지면 나쁘다고 생각합니다. 뾰족한 것을 거부하지요. 우리는 이것을 미분의 부드러움이라고 합니다. 그래서 지금부터 미분이 왜 뾰족한 것첨점이라고 부르기도 합니다을 받아들이지 않는지 공부해 보도록 합시다.

왜 이토록 미분이 뾰족한 것을 싫어하냐고요? 이 녀석은 미분계수 식에서 좌극한과 우극한이 다르기 때문입니다.

"좌극한과 우극한이 무엇인데요? 자세히 알려 주세요!"

와! 쥐선이가 그런 좋은 질문을 하다니 놀랍군요.

좌극한은 왼쪽에서 선을 타고 달려오는 상태의 극한값을 말합니다. 함수가 있어서 극한을 살펴볼 수 있습니다. 그림으로 이해하면 쉽습니다. 우극한은 오른쪽에서 선을 타고 달려오는 극한 상태입니다. 극한 상태란 숨을 헉헉거리며 어느 지점을 향해 달려가는 모습입니다.

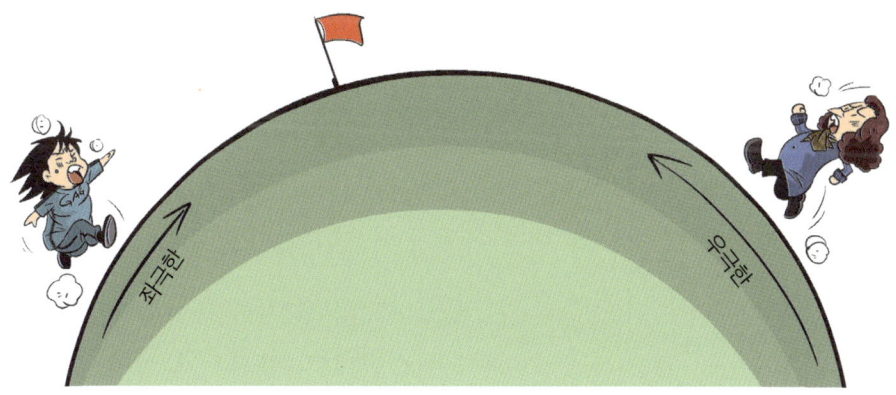

왜 뾰족함 때문에 좌극한의 값과 우극한의 값이 달라지는지 알아보겠습니다. 뾰족함을 나타내는 대표적인 함수식은 절댓값 기호를 가지는 녀석입니다. 절댓값 기호를 한번 만나 보도록 합니다. $y=|x|$가 대표적인 뾰족한 함수입니다. $y=|x|$가 어떤 모습으로 등장하는지 봅시다. 짠!

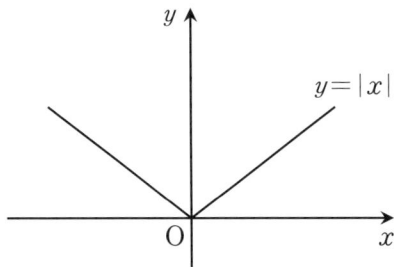

$y=|x|$가 승리의 V를 그리면서 나타납니다. 정말 건방진 친구 같습니다. 이 함수에서 $f(0)=0$입니다. $f(0)=0$이란 순서 쌍으로 나타내면 $(0, 0)$으로 원점의 좌표입니다. 위에 나온 그래프를 보면 알 수 있습니다.

그래프는 그림을 잘 보면 이해가 빠릅니다. 또한 0에서의 극한값을 구해 보면, $\lim_{x \to 0} f(x) = \lim_{x \to 0} |x| = 0$입니다.

그러므로 $f(x)$는 $x=0$에서 연속입니다. 앞에서 분명히 말했습니다. 연미는 안 될 수 있다고요. 이 말은 연속이라고 당연히 미분가능할 것이라고 판단해서는 안 된다는 소리입니다. 그럼 $x=0$에서 과연 미분이 가능한지 확인해 보도록 합니다.

다음 관문을 통과해야만 미분이 가능해집니다. 바로 $x=0$에서의 미분계수 $\lim\limits_{\Delta x \to 0} \dfrac{f(0+\Delta x)-f(0)}{\Delta x}$의 허락을 받아야 합니다. 이 친구의 허락을 받으려면 좌극한과 우극한이 같아야 합니다.

좌극한과 우극한은 앞에서도 잠시 이야기했지요. 극한은 설레면서 다가오는 것이라고 보면 됩니다. 함수의 그래프의 마음을 타고서 말입니다. 함수의 그래프가 끊어짐이 없음은 연속을 나타내고 그 마음이 같아야 합니다. 마음이 같다는 것이 바로 극한값이 일치하는 것이라고 보면 됩니다.

좌극한과 우극한을 알기 위한 도구로는 Δ, | |, lim, 간단한 분수 모양의 껍질 등이 필요합니다. 마음의 준비를 하고 만들어진 식을 봅니다.

좌극한 : $\lim\limits_{\Delta x \to -0} \dfrac{|0+\Delta x|-|0|}{\Delta x} = \lim\limits_{\Delta x \to -0} \dfrac{-\Delta x}{\Delta x} = -1$

우극한 : $\lim\limits_{\Delta x \to +0} \dfrac{|0+\Delta x|-|0|}{\Delta x} = \lim\limits_{\Delta x \to +0} \dfrac{\Delta x}{\Delta x} = 1$

좌극한과 우극한의 이름을 들은 상태에서 저런 겁나는 식을 보니 마음이 찢어지는 느낌이지요. 내가 힘을 다해서 쉽게 설명하겠습니다.

일단 좌극한부터 살펴봅니다. lim 기호 밑에 있는 $\Delta x \to -0$을 주목해 보세요. 0 앞에 $-$마이너스가 있습니다. 이 뜻은 0의 왼쪽에서 0으로 한 걸음씩 살며시 다가온다는 뜻입니다. 0보다 작은 것들이 말입니다. 0보다 작은 어떤 것은 분명 음수입니다. 0보다 작은 음수와 0이 만나면 음수입니다. 예를 들어, $0-0.001$은 -0.001로 음수가 된다는 사실을 기억해 두세요.

여러분은 알고 있나요? | | 안의 문자가 음수라면 $-$를 달고 나온다는 사실을 말입니다. 가령 $|a|$에서 a가 음수$a<0$라면 $|a|=-a$가 됩니다. 이 사실을 이용해 좌극한의 식과 정면 승부를 걸어 봅니다.

$$\lim_{\Delta x \to -0} \frac{|0+\Delta x|-|0|}{\Delta x}$$에서 Δx가 왼쪽에서 0으로 다가오니 Δx의 정체는 분명 0보다 작은 음수입니다. 그 절댓값이 아무리 작은 값이라고 해도 음수임은 틀림없습니다. 그래서 0과 만나면 음수가 됩니다.

따라서 분자의 첫 번째 절댓값은 $-$를 달고 나오면서 절댓값 기호를 해체할 수 있습니다. $-(0+\Delta x)$로 말입니다. 그리고 괄호 밖의 마이너스에 의해 괄호는 분배법칙을 통한 해체 작업에 들어갑니다. $-(0+\Delta x)=-0-\Delta x$로 변합니다. 그리고 쓸데없이 자리만 차지한 -0은 연기 속으로 자취를 감춥니다. 안 적어도 된다는 소리입니다.

남은 것은 오로지 $-\Delta x$뿐입니다. 그리고 분자의 뒤쪽 $-|0|$도 연기 속으로 자취를 감추어 버립니다. 없애도 된다는 뜻입니다. 원래 0은 없는 것이니까요. 그래서 살아남은 것만 정리해 보면 다음과 같습니다.

$$\lim_{\Delta x \to -0} \frac{-\Delta x}{\Delta x} = -1$$

극한이 붙어 있더라도 분수 형님이 우선이니 약분할 수 있습니다. 따라서 결과는 -1이 됩니다.

이제 탄력을 받았습니다. 쥐선이의 얼굴에도 자신감이 붙어 있습니다. 이제 우리는 우극한에 도전합니다!

우극한 : $\lim\limits_{\Delta x \to +0} \dfrac{|0+\Delta x|-|0|}{\Delta x}$

이번에도 눈여겨볼 곳이 바로 lim 기호 밑의 $\Delta x \to +0$입니다. Δx가 0의 오른쪽에서 0으로 다가온다는 건 그 자체가 0보다는 약간이라도 크다는 뜻입니다. 그래서 분자의 $|0+\Delta x|$가 양수가 된다는 것을 알 수 있습니다. 절댓값 기호 안의 수가 양수이면 절댓값 기호를 바로 벗어날 수 있습니다. $0+\Delta x$라고 말입니다. 다른 계산은 좌극한과 동일합니다.

$$\lim_{\Delta x \to +0} \frac{|0+\Delta x|-|0|}{\Delta x} = \lim_{\Delta x \to +0} \frac{\Delta x}{\Delta x} = 1$$

분자가 좌극한과 달리 Δx가 나왔습니다. 그 결과 약분을 이용하여 우리는 극한값을 1로 구했습니다. 지금까지의 계산을 통해 좌극한값(-1)과 우극한값(1)이 다르므로 극한값이 존재하지 않는 것을 보았습니다.

미분계수 식에서의 좌극한과 우극한이 같아야 미분가능한 것입니다. 뾰족한 놈인 절댓값 기호를 포함한 함수식은 미분가능하지 않다는 것을 알게 되었습니다. 미분이 가능하려면 부드러워야 한다는 것을 알겠지요?

쥐선이의 턱은 분명 미분이 가능하지 않습니다. 왜냐고요?

각이 져 있기 때문입니다. 각이 져 있다는 말은 좌극한값과 우극한값이 다르게 나온다는 것입니다. 그래서 미분가능하지 않다는 말입니다. 이상으로 수업을 모두 마칩니다.

수업 정리

❶ $x=a$에서의 미분계수는 $f'(a) = \lim\limits_{\Delta x \to 0} \dfrac{f(a+\Delta x)-f(a)}{\Delta x}$

❷ **연속의 의미**

함수 $f(x)$에 대하여

① $x=a$에서 정의되어 있고

② $\lim\limits_{x \to a} f(x)$가 존재하며

③ $\lim\limits_{x \to a} f(x) = f(a)$

일 때, 이 함수는 $x=a$에서 연속이라고 합니다.

NEW 수학자가 들려주는 수학 이야기 67
뉴턴이 들려주는 미분 1 이야기

ⓒ 김승태, 2009

2판 1쇄 인쇄일 | 2025년 9월 18일
2판 1쇄 발행일 | 2025년 10월 2일

지은이 | 김승태
펴낸이 | 정은영
펴낸곳 | (주)자음과모음

출판등록 | 2001년 11월 28일 제2001-000259호
주소 | 10881 경기도 파주시 회동길 325-20
전화 | 편집부 (02)324-2347, 경영지원부 (02)325-6047
팩스 | 편집부 (02)324-2348, 경영지원부 (02)2648-1311
e-mail | jamoteen@jamobook.com

ISBN 978-89-544-5312-7 44410
      978-89-544-5196-3 (세트)

• 잘못된 책은 교환해 드립니다.